मुहल्ला

मुहल्ला

नरेन्द्र कोहली

वाणी प्रकाशन

वाणी प्रकाशन

4695, 21-ए, दरियागंज, नयी दिल्ली 110 002

शाखा

अशोक राजपथ, पटना 800 004

फ़ोन : +91 11 23273167 फ़ैक्स : +91 11 23275710

www.vaniprakashan.in
vaniprakashan@gmail.com

MUHALLA
by Narendra Kohli

ISBN : 978-93-5072-902-1
Satire

प्रथम संस्करण 2015

मूल्य : ₹ 195

हर्ष प्रिंटर्स, दिल्ली-110 093 में मुद्रित

वाणी प्रकाशन का लोगो मक़बूल फ़िदा हुसेन की कूची से

भूमिका

पिछले कुछ वर्षों से मेरा स्फुट व्यंग्य-लेखन प्रायः स्थगित है। इन वर्षों में या तो उपन्यास ही लिख पाया हूँ, अथवा आवश्यक होने पर व्यक्तिगत निबन्ध। अपनी सृजन-प्रक्रिया में होते हुए इस परिवर्तन से परिचित तो हूँ, किन्तु उस पर मेरा वश नहीं है। जीवन के अनुभवों के गहरे और विस्तृत होने के साथ-साथ या तो छोटी रचनाएँ भी बहुत कुछ कहने की आवश्यकता की मजबूरी में खिंचकर लम्बी होती जाती हैं, या किसी उपन्यास के लेखन में लगे होने के कारण छोटी रचनाओं के विचार स्वयं ही टल जाते हैं, या मैं ही उन्हें टाल देता हूँ। यह तो जानता हूँ कि 'कथा' तथा 'व्यंग्य' दोनों तत्त्व मेरे भीतर ऊधम मचाते रहते हैं, किन्तु लौटकर फिर छोटी कहानियों तथा छोटे व्यंग्यों पर आऊँगा, या अब उपन्यास तथा व्यंग्य-उपन्यास ही लिखूँगा—यह कहना कठिन है।

अपनी व्यंग्य-रचनाओं में से 'श्रेष्ठ' का चुनाव कैसे करूँ? श्रेष्ठ रचनाएँ किन्हें मानूँ, जो मुझे प्रिय हैं या जो प्रशंसित हुई हैं? जो लोगों का मनोरंजन करती हैं या जो प्रखर प्रहार करती हैं? जिनमें बात कटु है या जिनका शिल्प नया बन पड़ा है?

मुझे लगता है कि लेखक एक सीमा तक ही अपनी रचनाओं के प्रति तटस्थ हो सकता है। फिर भी उसके लिए अपनी रचनाओं में से कुछ का चुनाव असम्भव हो, ऐसी बात नहीं है, क्योंकि अन्य लोग भी तो अपने पूर्वाग्रहों से मुक्त नहीं हो पाते। इसलिए मेरा ही चुनाव क्या बुरा है! अतः मैंने बिना किसी से पूछे, अपने-आप अपनी रचनाएँ छाँट डाली हैं। वे रचनाएँ श्रेष्ठ हैं या नहीं, इसका निर्णय मैं नहीं कर सकता। मैं तो केवल यह कह रहा हूँ कि अपनी रचनाओं में से चुनाव मैंने अपनी इच्छा और पसन्द से किया है। 'श्रेष्ठता' के साथ मैंने प्रतिनिधित्व का भी ध्यान रखा है। प्रयत्न किया है कि विषय, शिल्प तथा तकनीक के वैविध्य को भी महत्त्व दूँ।

व्यंग्य को स्वतन्त्र विधा मानने के विरुद्ध सबसे बड़ी आपत्ति यह है कि व्यंग्य आज विभिन्न विधाओं में लिखा जा रहा है—कविता में, कहानी में, निबन्ध में, उपन्यास में, नाटक में। किन्तु ऐसी आपत्ति करने वाले भूल जाते हैं कि कथा-साहित्य भी महाकाव्यों में लिखा गया, नाटकों में लिखा गया, बृहत् उपन्यासों, लघु उपन्यासों, कहानियों तथा लघुकथाओं में लिखा गया। कविता महाकाव्य, खंडकाव्य, काव्य, गीत, नाटक इत्यादि छोटे-बड़े अनेक रूपों में लिखी गयी। नाटक पद्य-रूपक, गीति-काव्य, स्वतन्त्र नाटक, एकांकी इत्यादि रूपों में लिखा गया।

इन सारी विधाओं पर विचार करने से, सहज ही यह निष्कर्ष निकलता है कि विधा की दृष्टि से साहित्यकार के व्यक्तित्व का मूल तत्त्व ही निर्णायक तत्त्व है : जो व्यंग्य के सन्दर्भ में साहित्यकार का सात्विक, सृजनशील तथा कलात्मक, वक्र आक्रोश है। इतनी बात हो जाने के पश्चात, आगे का वर्ग-विभाजन भी किया जा सकता है कि व्यंग्य की कैसी रचना को, शुद्ध व्यंग्य माना जाये और किस रचना के साथ अन्य विधाओं का मिश्रण होने के कारण किसी अन्य विशेषण की आवश्यकता होगी।

हिन्दी के व्यंग्य-साहित्य को देखें तो यह बात स्पष्ट हो जाती है कि स्वतन्त्रता-प्राप्ति के बाद से, सामाजिक-राजनीतिक विसंगतियों के कारण, भारतेन्दु-युग के पश्चात्त व्यंग्य का टूटा हुआ सूत्र न केवल फिर से पकड़ा गया, वरन् नवीनता और निखार के साथ दृढ़ किया गया। 'व्यंग्य संकलन' के नाम से पुस्तकें छपीं, उनमें ऐसे व्यंग्यात्मक निबन्ध थे, जो न तो निबन्ध की परम्परागत परिभाषा में आते हैं, न कहानी की। हिन्दी के स्वातन्त्र्योत्तर व्यंग्य साहित्य की रीढ़ ये रचनाएँ ही हैं, और इन्हीं रचनाओं ने व्यंग्य को हिन्दी साहित्य में स्वतन्त्र विधा के रूप में प्रतिष्ठित किया। इस मूल विधा की परिधि पर व्यंग्य-कथाएँ, व्यंग्य-उपन्यास तथा व्यंग्य-नाटक स्थापित हुए।

कविता में भी व्यंग्य लिखे अवश्य गये, किन्तु कवि इस विधा की स्वतन्त्रता के विषय में इतने गम्भीर दिखाई नहीं पड़े, जितने कि गद्य-लेखक। व्यंग्य-कवियों की महत्वाक़ांक्षा कवि बनने की ही रही, गद्य में लिखने वाले व्यंग्यकारों की, व्यंग्यकार बनने की।

कुछ अतिरिक्त शास्त्रीय समीक्षक व्यंग्य को केवल एक 'शब्दशक्ति' के रूप में ही स्वीकार करते हैं। मुझे यह मानने में कोई आपत्ति नहीं है कि हिन्दी साहित्य के रीतिकाल तक, व्यंग्य या तो एक शब्दशक्ति था, या अन्योक्ति, वक्रोक्ति अथवा समासोक्ति जैसा अलंकार। किन्तु समय और परिस्थितियों के परिवर्तन के साथ विधाओं का विकास भी होता है, और नयी विधाओं का निर्माण भी। हम व्यंग्य को आज के सन्दर्भ में देखें तो पाएँगे कि आज के व्यंग्य-उपन्यासों, व्यंग्य-निबन्धों, व्यंग्य-कथाओं तथा व्यंग्य-नाटकों में व्यंग्य के शब्दशक्ति अथवा अलंकार मात्र नहीं हैं। उसका विकास हो चुका है और वह शास्त्रकार से माँग करता है कि वह व्यंग्य-विधा के लक्षणों का निर्माण करे।

किसी विधा को एक ही भाषा के सन्दर्भ में देखना भी उचित नहीं है। सम्भव है कि यह कहा जा सके कि अमुक भाषा में व्यंग्य नहीं है। किन्तु संसार की किसी भाषा में व्यंग्य अथवा 'सैटायर' स्वतन्त्र विधा ही नहीं है, और वह स्वतन्त्र विधा हो ही नहीं सकता, ऐसा कहना मुझे उचित नहीं जँचता।

–नरेन्द्र कोहली

अनुक्रम

रिश्तों से बढ़कर

वह मेरे सामने बैठा हुआ मुझसे कह रहा है, "आप मेरे लिए, पिता से भी बढ़कर हैं।"

वह इनकमटैक्स के एक चक्कर में फँस गया है और इनकमटैक्स अफसर मेरा मित्र है। इसलिए वह मुझे बता रहा है कि मैं उसके लिए उसके सगे बाप से भी बढ़कर हूँ। उसके अपने बाप के विषय में जो मौलिक विचार हैं, उनसे मैं भली भाँति परिचित हूँ—इसलिए उसके साथ इस प्रकार के रिश्ते की चर्चा से प्रसन्न नहीं हूँ। अपने बाप के सन्दर्भ में वह मवाद से लबालब भरा हुआ, अत्यन्त पका हुआ फोड़ा है। किसी के जरा-से छूते ही बहने लगता है, "अजी हमारे बाप की क्या बात है। जीवन-भर जो कमाया, वह उड़ाया। साले ने यह भी ध्यान में नहीं रखा कि ये जो पिल्ले मैंने पैदा कर सड़कों पर फेंक दिये हैं, इनके लिए भी मेरा कोई दायित्व है; और अब वह बूढ़ा हो गया है, बीमार रहता है इसलिए चाहता है कि सौ नहीं तो पचास रुपया महीना तो उसे अवश्य ही भेजूँ।"

अब वह मेरे सामने बैठा, मुझे अपने बाप से बढ़कर मान रहा है। बाप से बढ़कर मानने का अर्थ है कि वह मुझे ठीक-ठीक अपना बाप नहीं मान रहा। वह जानता है कि प्रत्येक बाप समय आने पर बूढ़ा हो जाता है और बूढ़े लोगों में एक निहायत बुरी आदत यह होती है कि वे बहुधा बीमार रहते हैं और चाहते हैं कि उनका इलाज उनके बेटे करायें। वह मेरे बुढ़ापे और बीमारी के इलाज का बोझ अपने सिर नहीं लेना चाहता, इसलिए मुझे बाप नहीं मान रहा, बाप से बढ़कर मान रहा है।

बहुत पहले मेरे साथ एक और ऐसी ही घटना घटी थी। तब मैं उम्र में काफी छोटा था, इसलिए कोई मुझे बाप से बढ़कर नहीं मान सकता था, पर एक साहब ने मुझे बेटे से बढ़कर माना था। वे मेरे पड़ोस में रहा करते थे। बेचारे बूढ़े आदमी थे और अधिक भाग-दौड़ नहीं कर सकते थे। घर में कोई मिलने आ जाता तो बाजार से नींबू या कोका-कोला मँगाने के लिए मेरे पास दौड़े

आते। मैं अपने घर आनेवाले को तो टाल जाता था, पर उनके घर आनेवालों के लिए भाग-भागकर बाजार से चीजें ला देता था।

हर बार वे अपने बूढ़े-निरीह चेहरे पर ढेरों कृतज्ञता उँड़ेलते और बड़ी गद्गद आवाज में कहते, "आप मेरे लिए बेटे से बढ़कर हैं।"

मैं बहुधा उनके विषय में सोचा करता था—आखिर यह व्यक्ति मुझे अपना बेटा क्यों नहीं मानता—बेटे से बढ़कर क्यों मानता है?

उनके घर उनकी बेटी की शादी थी। मैं बेटे से बढ़कर था, इसलिए तम्बू लगवाता रहा, प्लेटें धुलवाता रहा, खाना पकवाता रहा। पर शादी में उनका बेटा भी दूसरे शहर से आया था। बेटा बाहर से आया था, इसलिए वे सज्जन और उनका सारा परिवार बेटे की आवभगत में लग गया और मैं चूँकि बेटे से बढ़कर था, इसलिए बैरों से सिर मारता रहा। बेटा आया, उसने सरसरी नजर से कुछ देखा और अपनी अप्रसन्नता प्रकट कर दी। मिनटों में उसने मेरी सारी व्यवस्था में हेर-फेर कर दिया। उसकी प्रचारित आज्ञाओं का धड़ाधड़ पालन होने लगा और चूँकि मैं बेटे से बढ़कर था, इसलिए मेरी आपत्तियों की ओर किसी ने ध्यान नहीं दिया।

उनके बेटे ने बहन को उपहार में दो सौ रुपयों की साड़ी दी, मैं बेटे से बढ़कर था, इसलिए पीछे कैसे रहता? दोस्तों से उधार लेकर तीन सौ की साड़ी ले आया। शादी समाप्त हो गयी तो वह बेटी की शादी की खुशी में अपने बाप से पाँच सौ रुपयों का गर्म सूट ऐंठकर ले गया और मुझसे बड़ी कृतज्ञतापूर्वक हाथ मिलाते हुए उन्होंने कहा, "आपके बिना शादी का सारा प्रबन्ध ही सम्भव नहीं था। मैं आपका आभार कैसे प्रकट करूँ, आप मेरे लिए बेटे से भी बढ़कर हैं।"

बाद में मैंने सुना कि लड़का अपने माँ-बाप से बहुत झगड़ा था कि उन्होंने उससे पूछे बिना अपनी जीवन-भर की जमा-पूँजी उसकी बहन के विवाह पर क्यों खर्च कर दी। अब वे लोग उसे क्या देंगे? क्या वे चाहते हैं कि वह कंगाल का कंगाल रह जाये। झगड़ा कुछ ज्यादा ही बढ़ गया था और लड़का आपे से बाहर हो गया था। उसने माँ-बाप से रिश्ता तोड़ने तक की धमकी दी थी। तब उन सज्जन ने उसे शान्त करने के लिए, शहर के पुराने हिस्से में बना अपना मकान उसके नाम लिख दिया था और कहा था कि वह उसे किरायेदारों से खाली कराकर बेच डाले। बेटे का मन तो रखना ही था—जायदाद क्या बेटे से बढ़कर होती है?

अगले ही महीने मुझे अपनी बीमा पालिसी की अर्द्धवार्षिक किस्त देनी थी—पाँच सौ रुपये। सौ रुपये तो मेरे पास थे, पर शेष चार सौ रुपये? बहुत सोच-विचार कर मैंने उनका दरवाजा खटखटाया, आखिर मैं उनके लिए बेटे से बढ़कर था। मेरी बात सुनकर वे बड़ी मासूमियत से मुस्कराये, "क्या बतायें कोहली साहब! मेरे पास तो पचास रुपये भी नहीं हैं। यूँ समझिये, बेटी की शादी ने कमर ही तोड़ दी है हमारी।"

मैं चुपचाप निष्कर्ष निकालता हुआ लौट आया था।

कुछ-कुछ निष्कर्षों पर मैं पहुँच भी गया हूँ। समझने लगा हूँ 'बेटे से बढ़कर' का तात्पर्य होता है, बेटे के अधिकारों से वंचित वह व्यक्ति, जिसे बेटे के सारे कर्त्तव्यों को निभाना होगा। 'बढ़कर' एक अर्थशास्त्रीय फार्मूला है, जिस रिश्ते के साथ यह जोड़ दिया जाता है, उसे उस रिश्ते के समस्त आर्थिक अधिकारों से वंचित कर दिया जाता है। जब मैं पहली बार अपनी पत्नी को अपनी माँ से मिलाने ले गया तो मेरी माँ ने मेरी पत्नी को तीन बार चूमा था और अपनी छाती में भींचकर अपनी ममता उँड़ेली थी, "बहू! तू मुझे अपनी बेटी से बढ़कर है?"

मैं तभी समझ गया था कि माँ ने मेरी पत्नी को समझा दिया है कि उसे अपनी सास की सेवा, बेटी के समान निश्छलता से करनी है, किन्तु उसे बेटी के आर्थिक अधिकारों से वंचित किया जा रहा है। तब से माँ को जब कोई तकलीफ हुई, उन्हें मेरी पत्नी की याद आ गयी और जब-जब उनके हाथ में कोई अच्छी साड़ी आयी, कोई गहना आया—वह उन्होंने अपनी बेटी को दे दिया। बेटी से बढ़कर, अपनी बहू को उन्होंने उसके गुणों की प्रशंसा से मालामाल कर रखा है।

मेरे पड़ोसियों का नौकर अत्यन्त सौभाग्यशाली है। ऐसे अच्छे स्वामी बहुत कम नौकरों को ही मिल पाते हैं। वे उसे अपने बच्चे से बढ़कर मानते हैं। वह चौदह वर्षों का लड़का सुबह मुँह-अँधेरे कड़ाके की सर्दी में एक कमीज और एक फटी हुई बिना बाँहों के स्वेटर में ठिठुरता हुआ दूध लेने जाता है। दूध लाकर गर्म करता है और सफाई, झाड़-पोंछ में लग जाता है। जब जरा सूर्य निकल आता है तो चाय बनाकर रजाइयों में दुबके सारे परिवार को पिलाता है, फिर नाश्ता बनाता है। कपड़े धोता है। बर्तन साफ करता है। साहब को नहाने के लिए गर्म पानी देता है और साहब बाथरूम से फुफकारते हुए निकलते हैं, "किसी के साथ बहुत अच्छे होना भी ठीक नहीं। हम इसे अपने बच्चे से बढ़कर मानते हैं

और यह है कि चाहता है, हमें निमोनिया हो जाये। अबे सूअर के बच्चे! इतने ठंडे पानी से कौन नहाता है सर्दियों में? हमें मारना चाहता है तू?"

इधर सुना है कि यूरोप-अमरीका में लोगों में बहुत सारी आध्यात्मिक भावना उमड़ पड़ी है। अपनी यान्त्रिक भौतिकता से तंग आ गये हैं बेचारे। वे सब लोग भारत की ओर भागते चले आ रहे हैं। दिल्ली की सड़कों पर सैकड़ों हिप्पी लड़के-लड़कियाँ गलबहियाँ डाले मस्त घूमते-फिरते नजर आते हैं। मैं बस में बैठा हुआ, कनाट प्लेस से गुजर रहा था कि देखा, गोरे हिप्पियों का एक दल कुछ भारतीय काले, नंगे, भिखमंगे-से बच्चों को अपने साथ चिपकाये पार्क में से गुजर रहा था। वे बच्चे काले भारतीय न होते तो मैं उन्हें भी हिप्पी ही मान लेता—वे भी उन्हीं हिप्पियों के समान नंगे थे, उन्हीं के समान उनकी जटाएँ बढ़ी हुई थीं और उन्हीं के समान वे पिछले छः महीनों से नहाये-धोये नहीं थे।

भारत के अध्यात्म में डूबा एक हिप्पी मुझसे भी टकरा गया। मैंने अपने रूखे अन्दाज में उससे पूछ लिया, "विदेशी होकर तुम हमारे देश में क्या करने आये हो?" वह कुछ नाराज-सा होकर बोला था, "हमें विदेशी मत कहो। भारत अध्यात्म का घर है। आध्यात्मिक चिन्तन करनेवाले प्रत्येक व्यक्ति के लिए यह अपने देश के समान है। हमारे लिए भारत अपने देश से बढ़कर है।"

और मैं उसी दिन से इन हिप्पियों से डरा बैठा हूँ। ये भारत को अपने देश से बढ़कर मान रहे हैं। ये भारतवालों को गाँजा-चरस, अफीम-हशीश खिला रहे हैं। ये यहाँ के भेद बाहर भेज रहे हैं। ये यहाँ स्मगलिंग का धन्धा कर रहे हैं; पर जिस दिन भारत ने इनके सामने हाथ फैलाया, उसी दिन ये कह देंगे, "हम तुम्हें क्या दें, तुम हमारे लिए अपने देश से बढ़कर हो।"

कुछ अबंगालियों ने बांगलादेश को अपने देश से बढ़कर माना था, बंगालियों को उन्होंने अपने भाइयों से बढ़कर माना था और आज भी उन लोगों की करतूतों को याद कर-करके वह देश बिलख रहा है। रोज सामूहिक कब्रें खोद-खोदकर निकाली जा रही हैं, खोपड़ियों, हड्डियों और कंकालों के टनों-टन तुल रहे है और साधारण बांगलादेशी अपने परिवार के खोये हुए सदस्यों का पता उनसे पूछ रहा है, जिन्होंने उस देश को कभी अपने देश में बढ़कर माना था।

कुछ पड़ोसी देशों को हमारे कुछ नागरिक अपने देश के नागरिकों से बढ़कर प्यारे लग रहे हैं और मेरा मन इस बात से सहमने लगा है। बात यह है कि वे नागरिक सेनापतियों से बढ़कर सेनापति हो गये हैं। उनको लगता है कि देश की भूमि के इंच-इंच के लिए मरने का नारा सैनिक दृष्टि से अत्यन्त

मूर्खतापूर्ण है। भारत को लद्दाख में अपनी सेना रखकर अनावश्यक खर्च करने की क्या आवश्यकता है? वह धरती इस योग्य नहीं है, जितना उस पर खर्च हो रहा है। भला उतनी ऊँची जगह को जीतने कौन आयेगा?

मैंने उनसे पूछ लिया था, "तिब्बत को जीतने कोई क्यों आ गया था?"

"इतिहास बताता है, तिब्बत पहले चीन का ही भाग था। इसलिए उस पर चीन का पूरा अधिकार बनता है।" उन्होंने मुझे बताया था।

"वैसे तो इतिहास यह भी बताता है कि पाकिस्तान नामक देश पहले भारत का अंग था। कभी अफगानिस्तान ही नहीं, लंका, बर्मा तथा दक्षिण-पूर्वी एशिया के देश भी भारत के अंग थे। तो इसका क्या तात्पर्य है कि भारत उनको जीत ले?"

"क्यों जीत ले?" वे नाराज हो गये, "तुम साले फासिस्ट हो। हमेशा लड़ाई की बात करोगे। देशभक्ति का यह अर्थ कहाँ है कि हम पड़ोसियों से लड़ते रहें। तुम अपने को बहुत देशभक्त समझते हो। हम देशभक्त से भी बढ़कर है।"

अब मैं उन्हें क्या बताता, मैं भी उन्हें देशभक्त से बढ़कर ही समझ रहा था।

बच्चों की कहानी : एडल्ट एडीशन

प्यारे बच्चो! एक प्रसिद्ध लोक-कथा है कि असम में एक गरीब दम्पती रहा करते थे। उनके सात बेटे थे और सातों ही निकम्मे थे। स्वयं वे अपने-आपको निकम्मे नहीं समझते थे, किन्तु माँ-बाप की दृष्टि में वे निकम्मे थे। उनकी माँ सदा ही रोती रहती थी। पर उसका विचार था कि उसका आठवाँ बेटा खूब कमाऊ होगा और कमाकर सारा धन माँ-बाप को देगा। (हाय रे गलतफहमी!) तो उन्होंने यानी पति-पत्नी ने आठवाँ बेटा पैदा करने की बात सोची।

पुरानी कहानी है न, इसलिए वे लोग ऐसी बात सोच सके। आजकल तो तीसरे बच्चे के बाद ही लाल तिकोनवाले पीछे पड़ जाते हैं कि कुछ-न-कुछ करवा ही लेते हैं।

फिर आजकल जो आदमी बेटा पैदा करने का प्रयत्न करता है, उसके घर में बेटियाँ पैदा होती जाती हैं! (कलयुग है न!) आदमी अपना प्रयत्न नहीं छोड़ता और घर में सात-आठ देवियाँ इकट्ठी हो जाती हैं। तब वह कहने लगता है, "मेरी बेटियाँ क्या बेटों से कम हैं?" परिणाम यह होता है कि बेटियाँ दुनिया-भर में शिकायत करती फिरती हैं कि उनका बाप उनकी शादी नहीं करता।

पर यह पुरानी कहानी है। उस दम्पती के घर बेटा ही पैदा हुआ। वह आठवाँ बेटा था और मनुष्य न होकर साँप था। वह पैदा होते ही चलकर जंगल में चला गया।

बेटा जंगल में चला गया तो माँ बेचारी बहुत रोयी। (कितनी पागल थी न!) भला साँप के चले जाने में रोने की क्या बात थी! बदनामी से बच गयी थी। नहीं तो लोग पूछते कि एक स्त्री के घर साँप पैदा क्यों हुआ? उस समय शायद लोग ऐसी बातें नहीं पूछते थे। लगता है, सबके ही घरों में जानवर पैदा होते रहते थे। (हमारे पूर्वज बड़े महान् थे।) तभी तो इस देश की आबादी नहीं बढ़ती थी।

तो माँ बेचारी बहुत रोयी। इतना रोयी कि सारे जंगल में पानी भर गया और साँप को पानी से बचने के लिए घर लौट आना पड़ा। यह तरीका आजकल के समाचारपत्रों में विज्ञापन देनेवाले तरीके से कहीं अच्छा है। घर से भागा हुआ बेटा स्वयं को समाचारपत्र पढ़ने से रोक सकता है, पर जंगल में पानी भरने से

नहीं रोक सकता। तो साँप जंगल से घर लौट आया। उसने माँ से पूछा, "तुम क्यों रो रही हो?" आजकल का बेटा होता तो कहता, 'अब आ तो गया हूँ। कोका-कोला पिलाओ, रो-रोकर क्या बोर कर रही हो!'

माँ ने ममता-भरे कई गीत गाये और 'कौन मुझको माँ कहेगा...' वाला रिकार्ड ग्रामोफोन पर चढ़ा दिया। साँप उस घिसे हुए रिकार्ड को सुन-सुनकर जब बोर हो गया और भागने की बात सोच ही रहा था तो माँ ने अवसर ताड़कर उसे अपनी ममता का वास्ता देते हुए बताया कि वह उससे कुछ भी नहीं चाहती। बस इतना ही चाहती है कि वह कमाये और उसे खिलाये।

साँप मान गया। उसने कहा कि वह कमा तो नहीं सकता, पर उसे धन अवश्य दे सकता है। (साँप कभी कमाता नहीं, पर सोने-चाँदी के ढेर उसी के पास होते हैं, जानते हो न!) उसने कहा कि माँ घर के आँगन में रोज दूध का एक कटोरा रख दिया करे। वह आकर उस दूध को पी जाया करेगा। जब वह दूध पी ले तो माँ को चाहिए कि वह उसकी दुम में से एक इंच काट लिया करे। वह एक इंच का टुकड़ा सोने का बन जायेगा। इस तरह माँ को धन मिलता रहेगा। उस पुरानी लोक-कथा में लिखा है कि साँप की बात सुनकर माँ बहुत रोयी और उसने अपने बेटे का शरीर काटने से इनकार कर दिया। पर बात यह नहीं थी। माँ ने एक प्रसिद्ध नाटक-स्कूल में अभिनय का प्रशिक्षण पाया था। उसने बहुत अच्छा अभिनय किया। उसने ऐसा दिखाया, जैसे उसे इस बात का बहुत दुख है और इस दुख से उसे रात-भर नींद नहीं आयी। पर वस्तुतः माँ को सोना मिलने की सम्भावना से नींद नहीं आ रही थी और वह कोई ऐसा ढंग भी सोच रही थी, जिससे वह रोज अपने बेटे के शरीर से एक इंच से भी अधिक सोना काट सके। और उसे सँभालने के लिए किसी बैक में लॉकर ले सके।

दूसरे दिन माँ ने आँगन में काँसे का एक कटोरा रख दिया और उसमें एक कटोरी दूध डाल दिया। पर वह दूध कटोरे की तह को गीला-भर कर सका। उतना दूध कटोरे को भरने के लिए पर्याप्त नहीं था। वह अपनी मुट्ठी पर ठोड़ी रखकर पंडित नेहरू के पोज में सोचने बैठ गयी। उसने सोचा कि यदि उसने असली दूध से कटोरा भरने की बात सोची तो घर का सारा दूध साँप को पिला देना पड़ेगा। फिर न तो वह दही जमा सकेगी और न शाम की चाय के लिए दूध बचेगा। कोई मेहमान आ गया तो मुश्किल होगी।

वह भीतर गयी और टोंड दूध की एक बोतल ले आयी। उससे भी कटोरा नहीं भरा, तो एक बोतल पानी मिला दिया। वह जानती थी कि सोना चौदह कैरेट का भी हो सकता है। फिर दूध ही क्यों शुद्ध दिया जाये। साँप के आने

से पहले वह हाथ में एक छुरी भी लेकर खड़ी हो गयी। पास ही उसने ईंट-पत्थर भी रख लिये कि यदि साँप ने उसे काटने या धोखा देने का प्रयत्न किया तो वह उसका सिर कुचल सके। यह सावधानी उसने अपनी विदेशी माँ से सीखी थी, क्योंकि सावधानी नाम का तत्व भारतीय रक्त में नहीं है। यह उन बुद्धुओं का देश है जो राजनीति में भी आदर्श बघारते हैं।

पर सारी तैयारी कर लेने पर उसे लगा कि दुनिया उसे क्या कहेगी कि अपने बेटे को काटने के लिए वह छुरी लायी है। छुरी उसने छुपा ली। पर दूध का कटोरा भी तो साँप को फँसाने के लिए ही था। उसे हटाना सम्भव नहीं था; उसे हटा दिया तो साँप ही नहीं आयेगा। उसने कुछ सोचा और रो-रोकर कहने लगी, "ओ मेरे लाल! तुम जब से पैदा हुए, भूखे हो। तुमने मेरा दूध इसलिए नहीं पिया कि कहीं तुम्हारे विष से मैं मर न जाऊँ। आओ मेरे बच्चे, इस कटोरे में से दूध पी जाओ।"

साँप वहाँ आ गया। उसने दूध पीकर सिर उठाया तो देखा कि उसके सातों भाइयों और माँ-बाप ने उसे घेर रखा है और उनके मुख की भावना बहुत मैत्रीपूर्ण नहीं है। वह मन-ही-मन डर गया। पर उसने अपना भय प्रकट नहीं किया। बहुत मधुर स्वर में बोला, "मेरे आदरणीय माता-पिता और प्यारे भाइयो! मैं तुम लोगों के सारे दुख और कष्ट समाप्त करने के लिए आया हूँ। तुम लोग मेरी पूँछ में से एक इंच का टुकड़ा काट लो। वह सोने का हो जायेगा। ऐसे ही रोज सोने का एक इंच मैं तुम्हें दे जाया करूँगा।"

सब भाई जोर से हँस पड़े। बोले, "साला हमें मूर्ख समझता है। एक इंच सोने में ही टरकाना चाहता है। इसे मार डालो, यह सारा-का-सारा ही सोने का हो जायेगा।"

साँप और भी डर गया। पर अपने स्वर को और भी मधुर बनाकर बोला, "सुनो! मूर्खता मत करो! मैं तुम्हें एक कथा सुनाता हूँ। पश्चिम के एक देश में एक नदी के किनारे बसे एक गाँव में एक व्यक्ति रहता था। उसके पास एक मुर्गी थी। वह मुर्गी रोज एक अंडा देती थी। वह अंडा सोने का होता था। इस प्रकार उस व्यक्ति को रोज सोने का एक अंडा मिलता था, जिससे वह बहुत धनी हो गया। पर साथ-ही-साथ वह बहुत लालची भी हो गया। उसने सोचा कि ऐसे तो रोज केवल एक ही अंडा मिलता है, किन्तु यदि मैं इस मुर्गी को मार दूँ तो मुझे एकसाथ बहुत सारे अंडे मिल जायेंगे। यह सोचकर उसने मुर्गी का पेट चीर दिया, पर उसमें से एक भी अंडा नहीं निकला और मुर्गी मर गयी। इसलिए तुम लोग सन्तोष करो। जो कुछ मिल रहा है, उसी से प्रसन्न और सन्तुष्ट रहो।"

सातों भाइयों पर इस कहानी का बहुत प्रभाव पड़ा। उनके चेहरे उतर गये। उन्हें लगा कि उनका साँप-भाई ठीक कह रहा है। यदि उन लोगों ने साँप को मार डाला या एक इंच से ज्यादा काटा और वह मर गया तो उन्हें कुछ भी नहीं मिलेगा। (देखा! साँप कितनी मीठी बोली बोलता है। इसी मीठी बोली के कारण आज कितने ही साँप हमारे समाज को डस रहे हैं और समाज को कुछ पता ही नहीं चलता।)

माँ ने देखा कि उसके सातों बेटों के मुख पर से एडवेंचर की भावना धुल गयी है और वे फिर से उसकी गोद में पलनेवाले, थोड़ा-सा दूध पीकर सन्तुष्ट हो जानेवाले भोले बच्चे बन गये हैं। माँ को अपने बच्चों का यह पतन देखकर बहुत दुख हुआ। उसे भय लगा कि कहीं उसके बेटे साँप की बात मान ही न जायें। (लोग तुम्हें कहेंगे कि कोई माँ ऐसी नहीं होती, पर तुम उसकी बात मत मानना।)

वह ललकारकर बोली, "मेरे बच्चो! अपने इस भाई की बातों में न आना। यह तुम्हें सन्तुष्ट रहना सिखा रहा है और सन्तुष्टि संन्यासियों, नपुंसकों और मरती हुई सभ्यताओं का गुण है। संन्यासियों और नपुंसकों से आज तक कुछ नहीं हुआ। तुम लोग पुरुषों के समान जोखिम उठाना सीखो। रिस्क नहीं लोगे तो जीवित लोगों के समान आगे नहीं बढ़ोगे, जड़ लोगों के समान पड़े रहोगे।"

माँ की बात सुनकर बेटे चौंके जैसे क्रान्ति की आवाज सुनकर जागे हों। उन्होंने पत्थर उठा लिये। साँप बहुत चीखा-चिल्लाया पर उन्होंने साँप को मार डाला। साँप मर गया, पर उसके शरीर का कोई अंग भी सोने का नहीं बना। अब तो सब बहुत घबराये। माँ को भी लगा कि उसने गलत काम किया है। बाप ने बेटों को भाई की हत्या करने पर डाँटना आरम्भ किया। सबके चेहरे उतर गये। जब पुराने साँपों को मारकर जनता क्रान्ति करती है तो तत्कालीन लाभ न देखकर पोंगापन्थी लोग इसी प्रकार उनकी आलोचना करते हैं। उन बूढ़ों की बातों में तुम न आना।

पर सातवें भाई को अब भी कुछ आशा थी। उसने माँ से छुरी लेकर मरे हुए साँप को चीर डाला। उसके पेट में से एक पारस-मणि निकली, जिससे छुआने पर मिट्टी भी सोना बन जाती थी। उस दिन से वे सारे भाई बहुत धनी हो गये और सोने का साँप बनाकर चिह्न के रूप में अपने गले में पहनने लगे।

प्यारे बच्चो! इस देश के बुद्धुओं की बात जाने दो। तुम स्वयं सोचो, बिना जोखिम उठाये आज तक कोई बड़ा आदमी बना है?

परेशानियाँ

रामलुभाया की परेशानियों का इतिहास बहुत पुराना है। गिरते-गिरते स्कूल की पढ़ाई पूरी कर, जब कॉलेज में प्रवेश पाने के लिए, रामलुभाया ने फार्म भरकर प्रिंसिपल की मेज पर रखा था, उसी क्षण उसने अपनी परेशानियों के साम्राज्य की नींव रखी थी।

रामलुभाया के चाचाजी उसी कॉलेज में पढ़ाने की नौकरी करते थे। वह बड़ा मस्त था कि चाचाजी तो हैं ही। आजकल तो वैसे भी 'स्टाफ-युग' चल रहा था। प्रत्येक संस्था बनती तो 'जनता' के लिए है, पर हो जाती है 'स्टाफ' की। और उसके चाचाजी तो केवल स्टाफ नहीं थे...क्योंकि स्टाफ तो चपरासी होता है...वे तो अध्यापक थे। पर जब प्रिंसिपल ने फार्म पर 'प्रवेश निषेध' की पर्ची चिपका दी तो रामलुभाया बहुत नाराज हुआ। उसे कॉलेज में प्रवेश नहीं मिलता, न सही; किन्तु चाचा-भतीजावाद के युग में चाचाजी के कॉलेज में भतीजे का अपमान हो; यह तो प्रलयंकारी अनर्थ हुआ। रामलुभाया अपना अपमान तो फिर भी सह जाता, पर युग का अपमान कैसे सहता!

उसने कॉलेज में किसी से बात करने की आवश्यकता नहीं समझी। किसी प्रचंड राष्ट्र के झंडे के समान फड़फड़ाता हुआ अपने चाचाजी के पास चला गया, "चाचा जी! आपके कॉलेजवाले मुझे एडमिशन नहीं दे रहे!"

पर जाने चाचाजी की समाधि कितनी गहरी थी कि 'सती-दाह' जैसे इस कांड से भी वे विचलित नहीं हुए। बोले, "कितने प्रतिशत अंक हैं तुम्हारे?"

"बयालीस प्रतिशत!" रामलुभाया ने अपने कीर्तिमान की घोषणा की।

"एडमिशन सम्भव नहीं है।" चाचाजी ने इतनी सहजता से कह दिया जैसे कहा हो, 'बेटा! चाय पी लो।'

"क्यों?" रामलुभाया जैसे अन्तरिक्ष से गिर पड़ा।

"क्योंकि तुम्हारे अंक बहुत कम हैं।" चाचाजी ने उसे डाँटा, "कैसे डफर हो, इतनी-सी बात भी नहीं समझते।"

"पर आप वहाँ पढ़ाते हैं!" जामवन्त ने हनुमान को उसके बल की याद दिलायी, "आप स्टाफ हैं।"

"पर चाचाजी को नहीं चेतना था, नहीं चेते। वे अपनी औकात को अच्छी तरह जानते थे, "मैं वहाँ नौकरी करता हूँ।"

"आप चाहें तो किसी लड़के को एडमिट नहीं करा सकते?"

"कॉलेज मेरे बाप का नहीं है।" चाचाजी माया के बन्धनों के काफी मुक्त थे, "विश्वविद्यालय के बनाये हुए नियमों के अनुसार वहाँ लड़कों को प्रवेश दिया जाता है। यह काम प्रवेश समिति करती है; और प्रिंसिपल उनकी राय पर ही चलते हैं।"

अब तक तो रामलुभाया परेशान ही था, पर अब नाराज भी हो गया। उसकी नाराजगी विश्वविद्यालय और कॉलेज के विरुद्ध तो थी ही, पर सबसे अधिक नाराज वह अपने चाचाजी से था, "चाचाजी अपने-आपको बड़ा आदमी समझते हैं। किसी की कोई सहायता नहीं करना चाहते। डरते हैं कि कोई और पढ़-लिखकर उनके समान बड़ा आदमी न बन जाये। हैल विथ हिम एंड हिज कॉलेज। अब मैं पढ़ूँगा ही नहीं।"

रामलुभाया की पढ़ाई आगे नहीं चली : वह कहता है कि उसने किसी और कॉलेज में प्रवेश चाहा नहीं, पर मेरा उससे मतभेद है। मेरा विचार है कि उसे प्रवेश मिला नहीं।

कई वर्षों के बाद एक दिन जब वह मेरे घर आ धमका तो बहुत प्रसन्न था। कुछ तो उसकी प्रसन्नता छुतहा रोग रही होगी, और कुछ एक लम्बे अन्तराल के बाद, अपने एक पुराने सहपाठी को इस प्रकार अपने सामने खड़ा देख मैं प्रसन्न हो गया।

पूछा, "भई! कैसे हो?"

"सेवानगर में एक कोठी खरीद ली है।" वह बोला, "गाड़ी भी खरीदी है। बाहर खड़ी है, चलकर देखो।"

वह मुझे घसीटकर बाहर ले आया। देखा, एक चमचमाती एम्बैसेडर कार मेरे दरवाजे पर खड़ी थी। मैं बहुत प्रभावित हुआ।

"नयी है क्या?" मैंने पूछा।

"नयी नहीं लग रही क्या?" उसने ट्रक ड्राइवर के अंदाज में कहा, "कोई नयी गाड़ी इतनी चमकाकर तो दिखा दे।"

मैं समझ गया, बहुत चमकनेवाली गाड़ी नयी नहीं होती।

"कौन-सा मॉडल है?" मैंने पूछा।

"मॉडल तो बहत्तर का ही है, पर है ब्रैंड न्यू!"

मैं रामलुभाया की तर्क-पद्धति का अनुसरण कभी नहीं कर पाया : बहत्तर

का मॉडल सन् पचासी में ब्रैंड न्यू कैसे हो सकता है! स्वयं को रोक नहीं पाया। पूछ ही बैठा, "नया कैसे है?"

"बहुत कम चली है। लगभग नहीं के बराबर। और जो कुछ घिसा-घिसाया था, वह तो मैंने बदल ही डाला है।"

"मेरे मन में उसके तर्क के समानान्तर एक उदाहरण जागा, "कोई पुरुष नौकरी न करे तो पचास के वय में पन्द्रह वर्ष का माना जायेगा क्या?"

"तुम हमेशा गधोंवाली बात ही करोगे।" मेरे तर्कों का शमन उसके इस एक वाक्य से ऐसे हो गया, जैसे दमकल से आग का शमन हो जाता है।

मैं चुप हो रहा। उसकी तर्क-प्रणाली में एकदम कोरा जो था।

"आकर किसी दिन हमारी कोठी देखो।" वह अपने उल्लास को छिपा नहीं ग रहा था, "कैसी चमक रही है। टीक की लकड़ी लगायी है, फर्श पर मार्बल का पत्थर, दीवारों पर धौलपुर का पत्थर, रैम्प पर करेजी का पत्थर। बस कोठी में पत्थर-ही-पत्थर कर दिया है। ऐसा पेंट कराया है कि सारे टाउन के अन्दर किसी दूसरे ने नहीं कराया। फंटास्टिकवाली कोठी है।"

कोठी के नाम पर मैं कुछ ऐसा रौब में आया कि मन में एक पूरा चित्र खींच डाला : वर्तुल मार्ग पर एक बड़ा-सा फाटक। बाहर लकड़ी के डब्बे में खड़ा खुखरीवाला नेपाली दरबान। सामने ड्राइव-वे और गैरेज। चारों ओर विस्तृत लॉन। दो सीढ़ियाँ चढ़कर चबूतरा। फिर बरामदा, प्रवेश-द्वार, बड़े-बड़े कमरे। भीतर खुला आँगन। बीचोबाच बना सरोवर, जिसमें फव्वारे चल रहे हों।"

सोचा, गर्मियों की इन छुट्टियों में बाहर क्यों जायें। चलकर सप्ताह-दो सप्ताह रामलुभाया की कोठी में ही रहा जाये।

मन में उभरे कोठी के चित्र की प्रामाणिकता परखने के लिए पूछा, "कितना बड़ा पलॉट है?"

"एक सौ पाँच गज का।" गर्व से उसकी छाती प्लाट से भी अधिक चौड़ी हो गयी, "ऐसी बनायी है कि लोगों की आँखें गड़ी-की-गड़ी रह जायें।"

कोठी के बड़प्पन और कार की नवीनता सुनकर मेरा मन बुझ गया। पर इस सन्दर्भ में कुछ कहकर उसका दिल दुखाना व्यर्थ था। इतने वर्षों के बाद एक पुराना मित्र मिला था। स्वयं चलकर मेरे घर आया था। फिर वह इतना प्रसन्न था, तो मैं ही क्यों रंग में भंग डालता?

पूछा, "काम क्या कर रहे हो, जिसमें इतनी चाँदी बरस रही है?"

"काम क्या है, सप्लाई का धन्धा है।" वह बोला।

"दुकान है?"

"नहीं!" वह बोला, "अबे दुकान क्या करनी है। एक कम्पनी के परचेज

अफसर का पी.ए. मेरा कजन है। बस उसी पटा को रखा है। हल्का माल सप्लाई कर देते हैं, चेक भारी-भरकम मिल जाता है। कुछ परचेज अफसर का, कुछ पी.ए. का और कुछ मेरा।"

"ऐसे में तो कम्पनी मिट जायेगी।" मुझ पर उपदेश का भूत सवार हो गया, "वह परचेज अफसर गाय का दूध नहीं पी रहा, उसका रक्त पी रहा है। जब गाय नहीं रहेगी तो वह दूहेगा किसे?"

मेरे उपदेश का उस पर उल्टा प्रभाव पड़ा। उसकी नाक ऐसे सिकुड़ गयी, जैसे उसे कोई भीषण दुर्गन्ध आयी हो। बोला, "आजकल ग्वालों में रहते हो या कसाइयों में?"

"क्यों?"

"गाय दूहने और गाय को मारने की बात कर रहे हो।"

"मैं तो कम्पनी के बनने-बिगड़ने की बात कर रहा था।"

"कम्पनी बिगड़ जायेगी तो मैं तो बन जाऊँगा न।"

"कितना बना रहे हो?"

"बस, बन ही रहा है। वह बोला, "जो नहीं बना, वह भी बन जायेगा।"

"शादी हो गयी?"

"हाँ, हो गयी!" वह बोला, "पर हुई बड़ी मुश्किल से है।"

"क्यों? मुश्किल से क्यों?" मैंने जिज्ञासा की, "लड़की की शादी में तो कठिनाई होती है, पर लड़के की शादी में और कठिनाई!" फिर कुछ समझकर मैंने स्वयं ही पूछ लिया, "दहेज में कुछ बहुत ज्यादा माँग रहे थे क्या? वहाँ भी भावी ससुराल को मिटाकर स्वयं को बनाने का धन्धा तो नहीं चला रखा था?"

"वह भी था ही।" उसने स्वीकार किया, "मेरी माँ अपने कमाऊ पूत को सस्ते में, किसी परायी लड़की को हैंड-ओवर करने को तैयार नहीं थी। पर कठिनाइयाँ और भी थीं। कोई लड़की मुझे चुड़ैल लगती थी, किसी लड़की को मैं राक्षस नजर आता था। किसी लड़की के माँ-बाप, मेरे माँ-बाप को गधे चरानेवाले लगते थे; और कहीं लड़की के माँ-बाप को मेरे माँ-बाप घसियारे।"

"फिर शादी हो कैसे गयी—घसियारों को घसियारे मिल गये क्या?"

"नेम-व्रत, पूजा-पाठ। बिरादरी के चौधरियों की खुशामद और फाइनली मेरे माँ-बाप द्वारा दहेज की रकम में डिस्काउंट की घोषणा।"

"कॉलेजवालों ने तेरे एडमिशन के समय ही नम्बरों में डिस्काउंट की घोषणा कर दी होती तो तेरी शादी साल-दो साल में वैसे ही हो जाती। सारा दोष कॉलेजवालों का ही है।"

मैंने अपनी ओर से लाखों रुपयों की बात कही थी, पर वह मुझसे एकदम सहमत नहीं हो पाया। बोला, "नहीं। दोष कॉलेजवालों का नहीं है। मैं ही पागल था।"

"क्यों?" रामलुभाया का यह शालीन रूप देखकर मैं चकित रह गया। उसने जैसे पैसा कमाया है, वैसे ही कहीं से कुछ समझदारी भी बटोर ली है क्या?"

"आजकल मैं खर्च घटाने की नहीं, आय बढ़ाने की सोचता हूँ। उसमें लगता ही क्या है। जरा-सी हेरा-फेरी बढ़ा दो, बस पैसा-ही-पैसा। वैसे ही तब यदि मैंने उनके परसेंटेज को नीचे लाने के स्थान पर अपना परसेंटेज बढ़ाने की बात सोची होती तो मुझे तुरन्त प्रवेश मिल जाता।"

"पर अंकों पर परसेंटेज बढ़ाना तुम्हारे वश में था क्या?"

"सीधे ढंग से अधिक अंक लाने की सोचता तो नहीं ला सकता था, जैसे आज सीधे ढंग से कमाने की सोचूँ तो कमाई नहीं बढ़ा सकता। पर आज पैसों के लिए हेरा-फेरी करता हूँ, वैसे ही तब अंकों के लिए हेरा-फेरी कर सकता था। नकल की मात्रा बढ़ा देता, तो अंकों की संख्या बढ़ जाती।... पर यार! तब तो मेरी शादी होती ही नहीं।"

"क्यों?" मैं हैरान रह गया, "अधिक अंक आते, कॉलेज में प्रवेश मिलता। तुम बी.ए., एम.ए., कुछ करते; तो कई लड़कियोंवाले तुम्हारे यहाँ चक्कर काटते।"

"वे तो चक्कर काटते," वह बोला, "पर मेरी माँ मेरे दहेज की रकम इतनी बढ़ा देती कि मेरी शादी होती ही नहीं।"

"बड़ी विचित्र बात है," जाने क्यों मैं कह गया, "कि माँ ही अपने बेटे के विवाह में आड़े आये।"

"विचित्र क्या है इसमें?" रामलुभाया ने घूरकर मुझे देखा, "सीधे-सीधे बिजनेस की बात है। मकान और दुकान दूसरे के लिए खाली करने से पहले कोई भी व्यक्ति पगड़ी माँगता है। जितने मौके की जगह होगी, उतनी ही पगड़ी ऊँची होगी।"

"बेटे का विवाह क्या मकान खाली करने जैसा है?" मैंने भरसक उसे डपटा।

"ऊपर से तो नहीं लगता, पर बात वही है।" वह पूर्ण आत्मविश्वास के साथ बोला, "सास, बहू के पक्ष में बेटे पर से अपना कब्जा हटाती है या नहीं? बहू बेटे का कब्जा लेती है या नहीं?"

"तुम दुकान हो या मकान?"

"मैं गोदाम हूँ।" वह हँसा, "ताला लगा गोदाम। किसी को भी पता नहीं है

कि गोदाम में क्या भरा है। सास भी ब्लाइंड ही खेलती है और बहू भी।..."

मामला कुछ ज्यादा ही टैक्निकल होता जा रहा था।

"खैर!" मैंने उसकी बात काट दी, "अब तो हो गयी न शादी!" सहसा मुझे बात का अगला सूत्र सूझ गया, "बच्चे?"

"हाँ!" मेरी अपेक्षा के विपरीत रामलुभाया कुछ चहककर बोला, "शादी हो गयी तो बच्चा ही होने पर न आये, जैसे धन्धा तो चले पर उसका लाभ हाथ न आये।"

"फिर?"

"फिर क्या!" वह बोला, "माताजी ने आदेश दे दिया कि दूसरा विवाह कर लो। उन्हें अपनी पिछली बहू से छुटकारा और एक भरा-पूरा नया दहेज सामने दिखायी दे रहा था।"

"तुम्हारे लिए भी तो वह बोनस ही था।"

"नहीं! दूसरा विवाह होने की नौबत नहीं आयी।" पता नहीं, वह प्रसन्न था या उदास, "उससे पहले ही एक पुत्र-रत्न का जन्म हो गया।"

"चलो! अच्छा हुआ।" मैंने कहा, "नहीं तो व्यर्थ ही घर टूटता।"

"घर तो टूट ही चला था।" रामलुभाया मुस्कराया, "मुझे तो जीवन में पहली बार अपनी माँ के रण-कौशल का ज्ञान हुआ। वह बूढ़ी, निरीह और असहाय-सी स्त्री कैसी रण-बाँकुरी हो उठी थी उन दिनों। कैसे-कैसे मोर्चे बाँधे, कैसी-कैसी व्यूह-रचना की, आरोप जुटाये, कैसे-कैसे हथियार जमा किये... वाह! मजा आ गया।"

"तो तुम्हारी पत्नी रह कैसे पायी तुम्हारे घर में?"

"रह पायी!" रामलुभाया बड़े उत्साह से बोला, "वह तो ऐसी रही कि राज करने लगी—मुझ पर भी और मेरी माँ पर भी।..."

मैं आश्चर्य से उसकी ओर देखता रह गया।

"वह मेरी माँ के करतब चुपचाप देखती रही, जैसे कोई उस्ताद किसी नौसिखिये के पैंतरे देखता है; और जिस दिन अम्मा के एक सम्भावित समधी मुझे देखने आनेवाले थे, उस दिन उसने चुपके से एक प्रसिद्ध लेडी डॉक्टर का सर्टिफिकेट निकालकर मेरे सामने धर दिया। उस लेडी डॉक्टर ने प्रमाणित किया था कि मेरी पत्नी में किसी प्रकार की कोई कमी अथवा शारीरिक दोष नहीं था। वह माँ बन सकने में पूरी तरह सक्षम थी। मैंने सर्टिफिकेट देखा और घूरकर पूछा, 'मैं क्या करूँ इसका?' उसने अत्यन्त शान्त भाव से उत्तर दिया, 'इसका अर्थ समझो', 'क्या है इसका अर्थ?' मैंने कुछ क्रुद्ध होकर पूछा। 'नहीं

समझे?' उसने उसी प्रशान्त मुद्रा में मुझे समझाया, 'इसका अर्थ है कि तुममें ही कोई कमी है, जो हमारी सन्तान नहीं हो रही।' जी में आया कि खींचकर एक चाँटा दूँ उसे, हरामजादी मुझमें कमी बता रही है! पर मामला इतना नाजुक था कि बहस का कोई स्कोप नहीं था। न ही उसे प्रमाणित कर दिखाने का चैलेंज दिया जा सकता था। नहीं तो वह अपना स्त्रीत्व और मेरा हिजड़ापन साबित कर मेरे मुँह पर कालिख पोत देती। साली ने डाक्यूमेंटरी प्रूफ तो पर्स में रख छोड़ा था। दूसरा प्रूफ लाने के लिए भी उठकर कहीं चल देती।" उसने रुककर मुझे देखा, "डॉक्टरी सर्टिफिकेट के सामने कोई क्या कह सकता है। डॉक्टर चाहे तो मुर्दे को जीवित होने का सर्टिफिकेट दे दे और न चाहे तो जीवित को भी मुर्दा ही बता दे।..."

"फिर?" मैंने उसके डॉक्टरी विश्लेषण में रुचि नहीं ली।

"फिर क्या! माँ के नये समधियों के आने से पहले ही मैं अपनी पत्नी को ले उड़ा। जितनी मिठाइयाँ माँ ने नये समधियों को खिलाने के लिए मँगवा रखी थीं, उनसे कहीं ज्यादा मैंने अपनी पत्नी को खिलायीं। उसे दिल्ली से हर रेस्ट्राँ में खाना खिलाया। उसके साथ जाकर हर मन्दिर में नाक रगड़ी। हर ज्योतिषी को अपनी जन्म-कुण्डली दिखायी। पत्नी के कहे अनुसार हर व्रत-उपवास किया। पचासों तरह की अँगूठियाँ पहनीं... और... और पत्नी से छुपकर कई डॉक्टरों की सलाह ली...और अन्त में ये पुत्र-रत्न आये।... और भैया! अब हम तुम्हारी शरण में आये हैं।"

"मेरी शरण में क्यों भाई?" मेरी बुद्धि कोई असम्भव कल्पना करने में लगी हुई थी।

"यार! उसका किसी स्कूल में एडमिशन करवा दो।"

"क्यों? क्या हो गया?"

"होना क्या है," वह बोला, "हालत मेरी शादीवाली हो रही है। किसी स्कूल को हमारा बेटा पसन्द नहीं आता, और कोई स्कूल हमारे बेटे की माँ को पसन्द नहीं आता।"

"कैसा स्कूल चाहते हो?"

"अरे कोई हो जाये।" वह बोला, "हमें कौन-सा उसे कोई पंडत-शंडत बनाना है।"

"नगर निगम का स्कूल...।"

"अरे गोली मारो।" वह बोला, "वहाँ तो भंगी पढ़ते हैं। मैं अपने बच्चे को वहाँ नहीं भेजना चाहता।"

मैं जल्दी ही समझ गया। बोला, "और जिस स्कूल में तुम उसे भर्ती कराना चाहते हो, वहाँवाले तुम्हें भंगी समझते हैं। है न?"

"बिल्कुल ठीक!" वह मुस्कराया, "तुम आदमी समझदार हो। अब फटाफट कहीं सोर्स भिड़ा दो।"

"मैं तो कॉलेज में पढ़ाता हूँ।" मैंने भागने का प्रयत्न किया, "स्कूलों के विषय में मैं क्या जानूँ।"

"बको भी मत और बनो भी मत।" वह मेरी अपेक्षा से अधिक चतुर हो चुका था, "स्कूल और कॉलेज में क्या फर्क है? कॉलेज में पढ़ाते हो तो स्कूल में पढ़नेवालों को भी जानते ही होंगे। मैं यदि खारी बावली में काम करता हूँ तो यह थोड़ी है कि सदर बाजारवालों को नहीं जानता। खूब जानता हूँ।"

"कोशिश करूँगा!" मैंने उसे टालना चाहा।

"चालू काम तो करो मत!" वह हँसा, "हम बिजनेस में हैं। जो डंडा लेकर हमको मारने दौड़ता है, उसकी जेब में से भी रुपया-दो रुपया उड़ा ही लेते हैं। तुम जैसे कल्मी लोग भी हमें टाल दें तो फिर हम खा-कमा चुके।"

"कैसा स्कूल चाहिए भाई! तुम्हें?" मैंने हथियार डाल दिये।

"अंग्रेजी स्कूल।" वह बोला, "ऐसा स्कूल, जहाँ हिन्दी-शिन्दी तो आसपास दिखायी ही न पड़े।... बड़ी तैयारी की है हमने, अंग्रेजी स्कूल के लिए।" उसने अपनी बायीं आँख दबायी, "मेरी पत्नी अंग्रेजी जानती नहीं, नहीं तो मुन्ने की तो मदर-टंग ही अंग्रेजी हो जाती। पर कसर फिर भी कोई नहीं छोड़ी हमने।"

"बच्चे के साथ घर में अंग्रेजी बोलते हो क्या?" मैंने पूछा।

"नहीं!" वह बोला, "बोलते तो हिन्दी ही हैं, पर ऐसी हिन्दी जिसमें हिन्दी कम-से-कम हो।"

"कैसे?" मैं समझ नहीं पाया।

वह हँसा, "बाबा! नोजी पोंछो। बाबा! चेयर पर बैठकर स्पून से खाओ...।"

"इससे तो तुम लन्दन के भारतीयों की ही हिन्दी-पंजाबी बोल लेते।"

लगा, उसके मुँह में पानी आ गया, "कैसे?"

मैंने नमूना बताया, "अच्छा फिर थिंक-थाट कर लो, ईवनिंग में किसी पब में मीटते हैं।

वह निढाल हो गया, "किसी ने पहले इशारा किया होता तो ऐसी ही हिन्दी सिखाता।"

"तो अब ही क्या बिगड़ गया है?" मैंने कहा, "आज से शुरू कर दो। स्कूल खोजते-खोजते वह निपुण हो जायेगा।"

"उसके लायक कोई स्कूल तो मिले।"

मैंने कुछ देर सोचकर कहा, "शेख सराय में एक नर्सरी है...।"

"नहीं यार!" वह बोला, "चिराग दिल्ली वहाँ से पास है, मदनगीर भी। मैं ऐसे गरीब-गुर्बा मुहल्लों के निकट अपना बच्चा नहीं भेजना चाहता। गरीब लोग चोर होते हैं।"

"चोर होते तो गरीब ही क्यों रह जाते?" मैंने पूछा।

"अब बहस नहीं करना चाहता, पर मैं अपने बच्चे को वहाँ नहीं भेजूँगा।"

"अच्छा, ग्रेटर कैलाश में?..."

"हाँ, ग्रेटर कैलाश ठीक है। मुहल्ले का नाम ही अंग्रेजी में है।" उसने कहा, "इंग्लिश मीडियम है।"

"हाँ इंग्लिश मीडियम!"

"ठीक है।" वह बोला, "वहाँ की टीचरें क्रिश्चन हैं?"

"मैंने कभी पूछा तो नहीं। पर शायद ईसाई नहीं हैं। पर यदि हों भी तो तुम्हारा बच्चा ईसाई तो नहीं हो जायेगा।" मैंने उसे डाँट दिया।

पर रामलुभाया मेरी डाँट से हत्प्रभ नहीं हुआ। उल्टे उसकी बात ने मुझे हत्प्रभ कर दिया, "मैं तो क्रिश्चन टीचरों को स्कूल खोज रहा हूँ गुरु! वे लोग अच्छा पढ़ाती हैं।"

मैं हैरान रह गया : भला किसी के धार्मिक विश्वास से उसकी अध्यापन-क्षमता का क्या सम्बन्ध? यह रामलुभाया तो प्रकारान्तर से मुझे भी अयोग्य शिक्षक घोषित कर रहा है, क्योंकि मैं ईसाई नहीं हूँ। पर इससे उलझना व्यर्थ था। टालने का एक ही तरीका था कि कोई स्कूल सुझाकर उससे मुक्ति पा ली जाये।

मैंने उसे एक दूसरा स्कूल सुझाया, जिसमें निश्चित रूप से ईसाई अध्यापिकाएँ ज्यादा थीं।

"देसी ईसाई हैं या ऐंग्लो इंडियन?" उसने तपाक से पूछा।

"भारतीय ईसाई हैं।" मैंने बताया, "मलयाली हैं।"

"नहीं!" उसकी नाक चढ़ गयी, "ईसाई हैं तो क्या हुआ, हैं तो देसी ही। मैं ऐसे स्कूल में अपने बच्चे को नहीं भेजना चाहता।"

"हाँ! एक और स्कूल है।" मेरे मन में कम्प्यूटर की-सी तेजी से एक और स्कूल ढूँढ़ निकाला, "उसकी मालिक, संचालिका और प्रिंसिपल एक फ्रेंच महिला हैं।"

"फ्रेंच!" उसकी आँखों में चमक आ गयी, "अरे वह तो ऐंग्लो इंडियन से

भी बढ़ गयी। वेरी गुड! कहाँ है वह स्कूल?"

"पास ही है।"

"तुम उसे जानते हो?"

"उससे सीधा परिचय तो नहीं है।" मैंने बताया, "पर कई बार उसे देखा अवश्य है। सादी-सी बूढ़ी औरत है। वर्षों से भारत में रह रही है और एकदम भारतीय हो गयी है। साड़ी..."

मेरी दृष्टि उठी तो पाया कि रामलुभाया के चेहरे पर पतझड़ छा गया है। पूछा, "क्या हुआ?"

"साड़ीवाली बूढ़ी मेम में मेरी कोई रुचि नहीं है।" वह बोला, "मैं अपने बच्चे को स्मार्ट टीचरों के पास भेजना चाहता हूँ। गोरी-गोरी, कटे बालोंवाली ऐंग्लो इंडियन या अंग्रेज लड़कियाँ हों, स्मार्ट! एकदम स्मार्ट! ऊँचे-ऊँचे फ्राक या स्कर्ट पहनती हों। उनकी गोरी-गोरी पिंडलियाँ देखकर सीने में दर्द होने लगता हो। गिटपिट अंग्रेजी बोलती हों। बच्चे का बाप मिलने जाये, तो मुस्कराकर उसका स्वागत करती हों।"

"तुम्हें बच्चे की पढ़ाई का प्रबन्ध करना है या रोमांस लड़ाना है?" मैं कुछ खीझा।

"मुझे अपने बच्चे को ऊँची सोसायटी के लायक बनाना है।" वह बोला, "मैंने सुना है कि तुम्हारे पड़ोस में छोटे बच्चों का कोई ऐसा स्कूल है, जहाँ सिर्फ मेमें पढ़ाती हैं और केवल गोरे बच्चे पढ़ते हैं।"

याद करने के लिए मुझे थोड़ा प्रयत्न करना पड़ा, "हाँ, है तो!" मैं बोला, "एक छोटा-सा स्कूल है, जहाँ विदेशी दूतावासों के कर्मचारियों के बच्चे पढ़ते हैं।"

"वही! वही!" वह बोला।

"पर वहाँ गोरे बच्चे कम हैं।" मैंने बताया, "वहाँ तो अफ्रीकी और एशियाई देशों से आये हुए, दूतावासों के साधारण, कर्मचारियों के बच्चे अपना समय काटने जाते हैं। वहाँ पढ़ाई-वढ़ाई कुछ नहीं होती।"

"पढ़ाई चाहिए किसको।" उसका आत्मबल जाग उठा, "तुमने इतना पढ़कर क्या पाया? अभी तक किराये के मकान में रहते हो, दिल्ली मिल्क स्कीम का दूध पीते हो, बाजार से खरीदकर सस्ते सिले-सिलाये कपड़े पहनते हो, बाजारी पिसा हुआ आटा खाते हो और डी.टी.सी. की बसों में धक्के खाते हुए यात्रा करते हो...।"

मैंने उसकी बात पर विचार किया। वह ठीक कह रहा था : उसका अपना मकान था, जिसे वह कोठी कहता था। वह भैंस का ताजा दूध दुहाकर लाता

था। किसी देहात से गेहूँ मँगवाकर उसका आटा पिसवाता था। अपनी पसन्द का कपड़ा खरीदकर अपनी पसन्द के दर्जी से उसे सिलवाता था और अपनी बहत्तर मॉडल की तेरह साल पुरानी ब्रैंड न्यू ऐम्बैसेडर कार में घूमता था...। और यह ठीक बात है कि उसने पढ़ाई नहीं की...

"तो बच्चे को स्कूल में भर्ती क्यों करवाना चाहते हो?"

"स्मार्टनेस के लिए!"

"ओह!" मैंने कहा, "तो तुम अपने शाहजादे को इसी स्कूल में भर्ती करवा दो; पर फीस वे कसकर लेते हैं।"

"फीस की चिन्ता मत करो।" उसने कहा, "तुम भर्ती करवा दो। फीस भी दे देंगे। और यदि उन्होंने चाहा तो दस-बीस हजार रुपये डोनेशन के भी दे देंगे।..."

मैंने आश्चर्य से उसकी ओर देखा।

"हाँ!" उसने अपनी बायीं आँख दबायी, "इतनी हैसियत है मेरी। यही तो बिजनेस के ठाठ हैं कि दस-बीस हजार रुपये कोई अर्थ नहीं रखते।"

मैंने उसे देखा : यह आदमी, जिसे अपनी नाक साफ करने की भी तमीज नहीं है, वह उतनी रकम को कुछ समझता ही नहीं–जितनी रकम मुझ जैसे कितने ही लोगों का स्वप्न है।

और सहसा जैसे उसे दौरा पड़ा : वह हाथ जोड़कर इस मुद्रा में मेरे सामने खड़ा हो गया, जैसे मेरा संकेत पाकर अभी अपनी नाक से जमीन पर लकीरें खींचने लगेगा, "तुम उसे किसी प्रकार भर्ती करवा दो यार। मेरे बच्चे तेरा गुण गायेंगे।"

उसकी अतिशय दीनता पर मुझे लज्जा आने लगी। मुझे लगा, उसकी यह मुद्रा मुझे अपमानित कर रही है। मैं किसी भी रूप में इस योग्य नहीं था कि वह मुझे इस प्रकार हाथ जोड़ता।

"मैं उस स्कूल में किसी को नहीं जानता," मैंने अपनी बात साफ की, "न वे लोग मुझे जानते हैं। मैं तो केवल इतना जानता हूँ कि यहाँ एक ऐसा स्कूल है। तुम चाहते हो तो मैं तुम्हें वहाँ ले चलता हूँ।"

"हाँ, ले चलो।" वह अब तक उसी प्रकार दीन बना खड़ा था, "पर वहाँ यह जरूर बता देना कि तुम प्रोफेसर हो।"

"अच्छा!"

मैं रामलुभाया और उसके बेटे को उस स्कूल में ले गया; पर वहाँ जाकर कुछ भी कहने की नौबत ही नहीं आयी। फाटक पर ही कई बच्चों को आते-जाते देख, रामलुभाया चौंक उठा, "इन बच्चों ने टाई नहीं बाँध रखी?"

मैंने आज तक इस ओर ध्यान नहीं दिया था। अब देखा : बच्चों ने बहुत प्यारे-प्यारे सुन्दर और मूल्यवान कपड़े पहने रखे थे, टाई किसी बच्चे ने नहीं बाँधी थी। उस स्कूल में शायद वर्दी का बन्धन नहीं था, तभी तो इतका वैविध्य था कपड़ों में।

"इन बच्चों ने टाई क्यों नहीं बाँध रखी?" रामलुभाया प्रायः विक्षिप्त-सा बोल रहा था। पता नहीं वह मुझसे पूछ रहा था या अपने-आप से।

मैंने उसे इस विक्षिप्तावस्था से उबारने के लिए कहा, "इनकी स्कूली वर्दी नहीं है।"

"वर्दी नहीं है।" वह अपना सिर पीटने को तैयार खड़ा था, "मैं तो वह स्कूल खोज रहा था, जहाँ लड़के ही नहीं, लड़कियाँ भी टाई बाँधती हों और यहाँ वर्दी ही सिरे से गायब है। और तुम कहते हो यहाँ एम्बेसियों के इम्प्लाइयों के बच्चे पढ़ते हैं। रब्बिश! इससे तो हमारे मुहल्ले की ममटियों में खुले गिटगिट कॉनवेंट ही अच्छे हैं। चाहे बच्चे की नाक बह रही हो, पर टाई तो वह बाँधता ही है।"

मेरी समझ में कुछ नहीं आया। मैंने कहा, "तुम अपने बच्चे को टाई बाँधकर भेज देना।"

"नहीं! टाई कम्पलसरी होनी चाहिए। चलो।"

उसने बच्चे को अपने पड़ोस में खुले किसी गिटपिट कॉनवेंट में ही भरती करवा दिया और अपने बच्चे को अंग्रेजी सिखाने के लिए कॉनवेंट की प्रिंसिपल की ट्यूशन लगवा दी। कहते हैं कि वह प्रिंसिपल पहले किसी बड़े स्कूल में बच्चों को घर से स्कूल लाने और स्कूल से घर तक पहुँचानेवाली बुलावी थी।

मुहल्ला

एक

पार्वती के मकान में नये किरायेदार आये हैं। उसको उनके प्रति वैसी ही उत्सुकता है, जैसी किसी दुकानदार को दुकान पर लगे नये साइन-बोर्ड के लिए होती है।

दो ही जने हैं—पति-पत्नी। नयी-नयी शादी हुई है शायद। पार्वती हैरान है। आखिर दो आदमियों को क्या आवश्यकता है इतने बड़े फ्लैट की। दो तो बेडरूम ही हैं और एक बड़ा-सा ड्राइंग-डाइनिंग। ये दो जने क्या करेंगे इन तीन कमरों का! कहाँ-कहाँ पसरकर सोयेंगे! तीनों कमरों में झाड़ू-पोंछे के ही दस रुपये देने पड़ जायेंगे। कहीं ऐसा तो नहीं कि ये भी पिछले किरायेदारों की तरह धोखा करें। पहले तो किराये पर फ्लैट लें, फिर उड़न कबूतर हो जायें। वह भी कैसी बड़ी-बड़ी बातें करता था। कहता था, किसी नवाब का दामाद है। नवाब का दामाद न हुआ, नौटंकी का फरहाद हुआ। होगा न हरामजादा किसी नवाब का दामाद। पार्वती क्या करे उसका—न साले का अचार पड़े, न मुरब्बा। वह तो इतना ही जानती है कि वह कभी कमीन की औलाद था, कुतिया का बच्चा, मर्तबान की सन्तान! दो महीनों का किराया मारकर भाग गया। बड़ा आया नवाब का दामाद। सारा बाजार रोता है उस कोख को जिसने उसे जना। किसी के सौ रुपये ले गया, किसी के दो सौ। बना फिरता था नवाब का दामाद। हरामखोर...

पर ये नये किरायेदार? आदमी न हों, शब्दकोश हों! बड़ी-बड़ी बातें कर रहे थे अपनी शराफत की। पार्वती तो उन्हें अपने बाप के तब जाने, जब किराया समय से दें। किराये के मामले में तो शरीफ से शरीफ आदमी भी यों छिटकता है जैसे खसम की गोद में रंडी।

वैसे शकल से शरीफ ही लगते हैं—पार्वती अपने-आपको समझाती है—गऊ के गऊ, सीधे-सादे। पर गऊ भी कालीन पर फोस कर दे तो? फिर भी पति की सरकारी नौकरी है। वह देखेगी, किराया कैसे खा जाते हैं!

वह उन्हें पुराने किस्से सुनाती है, “वह कलमुँहा समझता था कि यह औरत जात क्या करेगी।” मैंने कहा, “टाँगें चीरकर धर दूँगी। समझते क्या हो अपने-आपको!”

अपनी पेंसिलों जैसी टाँगें देखता हुआ किरायेदार उठकर दूसरे कमरे में चला जाता है।

“भाई साहब कहाँ चले गये?” वह दुखी होकर किरायेदारिन से पूछती है।

उसका मन गली की लँगड़ी कुतिया की तरह रोता है—हाय! इस देश का क्या होगा, जहाँ एक पुरुष नारी के मुख से टाँगों की बात सुनकर भाग जाता है।

उसका हृदय राष्ट्रीय गीत गाने लगता है।

“दूसरे कमरे में गये हैं। कुछ याद आ गया होगा।” किरायेदारिन उसे समझा देती है।

“अजीब आदमी है।” पार्वती का राष्ट्र-प्रेमी मन नींबू लगे दूध के समान फट जाता है।

दो

“यह औरत बहुत बदजबान है।” पार्वती के जाने के बाद नया किरायेदार मुँह में पालक के साग का-सा स्वाद लिये, अपनी पत्नी को समझाता है, “इसे ज्यादा मुँह मत लगाना!”

“मुँह तो क्या, मैं इसे पैर से भी नहीं लगाती।” पत्नी कहती है।

“घर ठीक करें?”

“हाँ, आओ।”

पति-पत्नी मिलकर अपने बक्स खोलते हैं। दो कपड़े निकालकर वार्डरोब में टाँगते हैं और दो बर्तन रसोई में रख आते हैं। बाकी बक्सों में किताबें नजर आती हैं। वे लोग सारी अलमारियों में और शो-केसों में किताबें सजा देते हैं। डाइनिंगरूम में राइटिंग टेबल रख देते हैं और उस पर किताबें और फाइलें ढेर कर देते हैं। किरायेदार अपना टाइपराइटर लेकर मेज पर आ बैठता है।

“मैं लोगों को सूचना दे दूँ कि हमने यहाँ शिफ्ट कर लिया है?” वह पूछता है।

“उन्हीं को देना, जिन्हें देना है।” पत्नी कहती है, “उन्हें मत देना जिनके कारण हमें यहाँ शिफ्ट करना पड़ा है।”

टाइपराइटर चलने लगता है और चिट्ठियाँ टाइप होकर ऐसे निकलती हैं, जैसे गेहूँ पीसने की मशीन में से आटा झरता है।

पत्नी उस ढेर में से एक पत्र उठाकर पढ़ती है, जैसे चूल्हे पर चढ़े पुलाव में से एक दाना टोहकर उसके गलने का अन्दाज लगा रही हो।

"क्या कर रहे हो तुम?" वह कहती है, "इस घर का नम्बर एक सौ अठारह नहीं, अठारह सौ एक है। सबको गलत पता लिख रहे हो।"

"अच्छा!" नारे लगाते विद्यार्थियों की भीड़ को देखकर मशीन बन्द करते हुए बस-ड्राइवर के समान पति अपनी उँगलियाँ रोक देता है, "मेरी फिगर्स की मेमोरी बहुत कमजोर है। मैं जिन्दगी-भर इससे परेशान रहूँगा। आज तक यही याद नहीं रह सका कि स्वयं को एक समझूँ कि दो। तुम पता ठीक कर दो।"

तीन

"सूअर की बच्ची! कुतिया कहीं की! आगे से जबान चलाती है।" शर्मा मिसेज शर्मा के गाल को थप्पड़ से सहला देता है, "फिर बकवास की तो चमड़ी उधेड़कर बाटा को दे आऊँगा। जूते बनाकर एक्सपोर्ट कर दी जायेगी। कमीनी कहीं की! क्या समझकर अकड़ती है मेरे सामने, औरत न हो पाँच सौ पौंड हवा भरा टायर हो!"

"तुम अपने बाप के हो तो आज मुझे मार डालो।" मिसेज शर्मा तड़पकर उठ बैठती हैं और शहीदों के समान छाती तान देती है, "मेरे बाप ने तुम्हें यह बनाया और तुम उस हरामजादी के पीछे मुझे पीटते हो। कुत्ते तुम हो, जिसकी किसी भी जवान लड़की को देखकर खराब वाशरवाले नल के समान लार चूने लगती है।"

"फिर बोली!" शर्मा प्यार के चाँटे से मिसेज शर्मा के दूसरे गाल पर भी रूज लगा देता है।

"मार तो अब!" मिसेज शर्मा, शर्मा के हाथ में, रीतिकालीन नायक के समान दन्तक्षत देती है।

तीनों बच्चे जोर-जोर से रोकर बाप की अकल का मातम कर रहे हैं, "हाय पापा! कुश्ती का मैच दिखाने से पहले लोगों से टिकट तो ले लो।"

पूँजीवादी चालें नहीं चलेंगी। जनता पर टैक्स नहीं बढ़ने देंगे।" मुहल्ले के चौधरी कहते हैं, "टिकट लगायी तो बिना लाइसेंस के पहलवानी करने के लिए कमेटी से तुम्हारा चालान करवा देंगे।"

शर्मा मिसेज शर्मा को झटककर पिछले दरवाजे से बाहर निकल जाता है और वह 'अभी न जाओ छोड़के' अन्दाज में बैठी रहती है।

"इस हरामजादी से कौन उलझे!"—पिछली गली में शर्मा सोचता है।

चार

पार्वती अपने नये किरायेदारों के फ्लैट में पहुँचती है।

नया किरायेदार झाड़े-पोंछे ड्राइंगरूम-सा साफ-सुथरा, सेंटर टेबल पर पैर रखे कोई पुस्तक पढ़ रहा है।

"आइये, आइये! वह अपने पैर फर्श पर रख, सोफे पर सजकर सेंटर टेबल पार्वती के बैठने के लिए खाली कर देता है।

"आज आप दफ्तर नहीं गये?" पार्वती के गाल औरेंज-बार हो जाते हैं।

"हो आया हूँ।" किरायेदार की आँखों में शराब की बोतल की जगह फिनायल का डिब्बा देख लेने का-सा भाव आ जाता है।

"अभी तो बारह ही बजे हैं और आप दफ्तर से हो भी आये हैं।" पार्वती के गाल चॉकबार में बदल जाते हैं, "अभी तो लोग पूरी तरह से गये भी नहीं।"

"मेरा आज एक ही पीरियड था।" किरायेदार कहता है, "मैं अपने कॉलेज के दफ्तर में कह दूँगा कि मेरे टाइम टेबल की एक कॉपी आपको भी भेज दी जाये।"

"अच्छा!" पार्वती की समझ में कुछ नहीं आता, "बहनजी कहाँ हैं?"

"बेडरूम में हैं। बुला दूँ?" किरायेदार ऐसे पूछता है, जैसे बच्चा माँ से गोल-गप्पेवाले को बुलाने की अनुमति चाहता है।

"नहीं! मैं ही भीतर चली जाती हूँ।"

पार्वती उठती है तो किरायेदार के पास सेंटर पर अपना एक मन छोड़ जाती है। शरीर को वह उठा ले जाती है। उसे उनका बेडरूम देखने का भी शौक है और फिर पराये मर्द के पास अकेली औरत कितनी देर बैठ सकती है। अगली बार आयेगी तो अपने पाँचों बच्चों का दस्ता साथ लेकर आयेगी—वह सोचती है।

ग्राहक के जाने के बाद चीजों को यथास्थान रखने के अन्दाज में किरायेदार अपने पैर फिर मेज पर रखकर पुस्तक पढ़ने लगता है और पार्वती बेडरूम को ओब्लाइज करने चली जाती है।

"बहनजी! सो रही हो क्या?" वह हाँक लगाती है।

"नहीं-नहीं! आइये।" किरायेदार की पत्नी आँखें मलती हुई पलंग पर उठ बैठती है।

पार्वती अपने अड़तीस वर्ष पुराने शरीर को ठेलती हुई ले जाकर धम्म से पलंग पर अनलोड कर देती है, "भाई साहब क्या रोज ही इतनी ही देर के लिए दफ्तर जाते हैं?"

"नहीं तो!" किरायेदार की पत्नी पलंग के दर्द को जान उसे सहलाती हुई कहती है, "आज उनका केवल एक ही पीरियड था।"

"अच्छा-अच्छा!" पार्वती फिर कुछ न समझकर मामला रफा-दफा कर देती है, "आपसे शर्मा की वाइफ तो नहीं मिली थी?"

"कौन शर्मा की वाइफ?" किरायेदार की पत्नी अपना अज्ञान दिखा देती है।

"तो नहीं मिली अभी आपसे!" पार्वती स्टार्ट हो जाती है, "अरे, यही हमारे पड़ोसवाली। कुतिया है एकदम! गली-गली मारी फिरती है। अभी नहीं मिली आपसे। मिलेगी तो बहुत कुछ कहेगी आपसे मेरे बारे में। कुत्तों की तरह भौंकती रहती है, तभी तो शर्माजी इतना पीटते हैं उसे। पर वह कहाँ मानती है। अब भला आप ही बताओ, आपने कुछ देखा मुझमें ऐसा-वैसा? वह किरायेदार की पत्नी को घूरने लगती है।"

"कैसा?" वह बेचारी हैरान होकर पूछती है।

"देखो तो हरामजादी मुझे यूँ ही बदनाम करती फिरती है। कहती है कि इनके दोस्त मेरे पास आते हैं..."

"किनके दोस्त?" किरायेदार की पत्नी प्रश्न के बेलचे से अज्ञान की मिट्टी हटाती है।

"अरे, इन्हीं के, गुड्डी के डैडी के।" पार्वती की जीभ ट्यूबबैल की तरह सूचनाएँ उलीचने लगती है, "वे जर्मन गये हुए हैं न। तो पीछे अपने एक दोस्त से कह गये थे कि वे हमारी देखभाल करते रहें। अब मैं अकेली औरत हूँ। कहाँ-कहाँ ठोकर खाऊँगी। बच्चे हैं। घर है। इनकी देखभाल करनी पड़ती है। तो उनके वे दोस्त, गुड्डी के अंकल आ जाया करते हैं। और यह हरामजादी शर्मा की बीवी मुझे बदनाम करती है कि मैं गुड्डी के अंकल के साथ घूमती हूँ। मुझे यह सब ही करना था तो मैं गुड्डी के डैडी को जर्मनी क्यों भेजती!

"वैसे क्या बताऊँ आपको। शर्मा ने एक रंडी रखी हुई है। इनके घर रोज मारपीट होती है। मारपीट तो आदमी-औरत में होती ही है। अब गुड्डी के डैडी मुझे नहीं मारते थे क्या? एक दिन नहाकर आये। कमीज का बटन टूटा हुआ था। बस एकदम नाराज हो गये। खींचकर मुझे चाँटा मार दिया। मेरा डब्बू मेरे पास खड़ा था। एकदम लिपट गया इनसे। कहने लगा, 'खबरदार डैडी, जो मेरी मम्मी को मारा।' इन्होंने छोड़ दिया। हँस पड़े। बोले, 'अब तेरा बचानेवाला भी आ गया है। अब आप बताइये कि इसमें कोई बुरी बात है?" पार्वती का ट्यूबबैल आँखों के रास्ते भी चलने लगा लगता है।

"किसमें?" किरायेदार की पत्नी फिर पूछती है।

बड़ी कूढ़ मगज है—पार्वती मन में सोचती है—आजकल की सब पढ़ी-लिखी लड़कियाँ ऐसी ही होती हैं क्या?

"अजी, अपने घरवाले के हाथों मार खाने में?" वह पूछती है।

"जी, मैं क्या..."

और पार्वती फिर स्टार्ट हो जाती है, "आपको पता नहीं है, आपसे पहले जो किरायेदार यहाँ था, अरे वही नवाब का दामाद, बेटी...वह भी बहुत मारता था, अपनी घरवाली को। पर वह भी ऐसे ही मार नहीं खाती थी। दोनों पहले बैठकर शराब पीते थे। फिर अंग्रेजी में गिटपिट करते थे, फिर गालियाँ देते थे। वह मारधाड़ होती थी कि दारा सिंह क्या करता होगा। मैंने कहा, 'भाई साहब...' और अब सामनेवाली मिसेज खन्ना कहती हैं कि उसने आज तक अपने घरवाले से मार ही नहीं खायी। झूठी हरामजादी..."

पाँच

मिसेज खन्ना मिसेज शर्मा से बहुत नाराज बैठी है। अच्छा है पिटती है साली। शर्मा को चाहिए, मार-मार इसका कचूमर निकाल दे। खाल उधेड़कर, उसकी रजाई बनाकर दान कर दे...

...बेबी गयी थी उसके घर तो पूछ रही थी, "बेबी, तेरे पापा जब से टूर पर गये हैं, कभी चिट्ठी लिखी है उन्होंने तेरी मम्मी को?"

"नहीं आंटी! अभी तो कोई चिट्ठी नहीं आयी। बेबी घर की खबरें बहुत लीक करती है।"

"लिखेंगे कैसे! माँ तेरी पढ़ना भी तो जाने!" मिसेज शर्मा ने कहा था।

कमीनी औरत—मिसेज खन्ना सोचती है—बिल्कुल बिल्ली है हरामजादी। जरा किसी का किया भला याद नहीं रखती। बड़ी आयी पढ़ाको मौसी। जैसे सारी दुनिया की विद्या इसी के पेट में समा गयी हो। चौथी पास है नहीं साली! बातें कैसी करती है!

उस दिन जब पार्वती ने इनकी इन्हीं बातों से तंग आकर अपना मकान खाली कर देने के लिए कहा था तो कैसे दोनों मियाँ-बीवी आकर खन्ना साहब के पैरों के स्लीपर हो गये थे। तब खन्ना साहब ने वर्मा साहब पर दबाव डालकर उन्हें यह मकान दे दिया था। नहीं तो कौन देता उसे मकान। उधर मुहल्ले के नेपाली चौकीदार की झुग्गी के पास झोंपड़ी बनाकर रहना पड़ता तो अकल आ जाती साली पढ़ी-लिखी को।...रख लेती अपनी झोंपड़ी का नाम इंटरनेशनल कॉटेज..."

"मम्मी! मम्मी!" बेबी बाहर से आती है।

"क्या है?" मिसेज खन्ना पूछती है।

"मम्मी, देखो न! शर्मा आंटी के बच्चे हमारे लैटर-बॉक्स में यह चिट्ठी डाल गये हैं।"

"किसकी चिट्ठी है?"

"शर्मा आंटी के बच्चों ने लिखा है, मम्मी!" बेबी बताती है।

"डाकिये हैं साले! क्या लिखा है?" मिसेज खन्ना के भीतर जिज्ञासा बासी कढ़ी के समान उबलती है।

"लिखा है कि तुम लोग पाँच बार हमारे फ्रिज की बर्फ लेकर गये हो। फ्रिज तुम्हारे बाप का नहीं, हमारे बाप का है। उसके आठ आने पैसे दे जाओ!"

"तुम लोग भी एक चिट्ठी लिखकर उसके लैटर-बॉक्स में डाल आओ।" मिसेज खन्ना डिक्टेट कराती हैं, "हमने तुमको तीन बार चाय पिलायी है, भुखमरो! अपनी अठन्नी काटकर हमारे ढाई रुपये दे आओ।"

छः

मुहल्ले-भर में शोर है कि पार्वती को जर्मनी से पार्वते का पत्र आया है। बच्चों ने गली में घोषणा की है, हमारे डैडी की जर्मनी से चिट्ठी आयी है। उन्होंने बहुत अच्छी हैंडराइटिंग में लिखा है, "मेरी प्राण-प्यारी पार्वती! तुम वहाँ चिन्ता मत करो। मैं बहुत जल्दी तुम्हें यहाँ बुला लूँगा। बच्चों को लेकर तुम आ जाना। मैं इन्तजाम कर रहा हूँ। तुम वहाँ बच्चों को अच्छे स्कूल में डाल दो। उनकी पढ़ाई अच्छी तरह होनी चाहिए, क्योंकि यहाँ के स्कूलों की पढ़ाई बहुत अच्छी तरह होती है। तुम भी अच्छी तरह अंग्रेजी पढ़ लो। तुम जब तक अंग्रेजी नहीं पढ़ोगी, तब तक तुम यहाँ नहीं आ सकती। तुम मुझको अंग्रेजी में पत्र लिखो, ताकि मैं समझ सकूँ कि तुम्हें अंग्रेजी आ गयी है और तब मैं तुम्हें यहाँ बुला लूँ..."

सारे मुहल्ले को मालूम है कि पार्वती को पार्वते की चिट्ठी सोमवार और बृहस्पतिवार को मिलती है। डाकिया भी सारी गली के घरों में लैटर-बॉक्स में चुपचाप चिट्ठियाँ डालकर चल देता है, पर मन्दिर के सामने से गुजरते हुए थोड़ा-सा माथा जरूर झुकाता है और पार्वती के नाम की चिट्ठी डालते हुए गंडेरियोंवाले के समान जोर की हाँक अवश्य लगाता है, "चिट्ठी ले लो!"

और फिर सारी गली में बच्चों का शोर सुना जा सकता है, "मम्मी, डैडी की चिट्ठी आयी है।"

पार्वती क्विंक की लाल रोशनाई के समान सुर्ख होती हुई नये किरायेदार की पत्नी से कहती है, "बहनजी! मेरे बच्चे दो ही बातों से चिढ़ाते हैं। एक तो

कहेंगे—मम्मी, डैडी की चिट्ठी आयी है, दूसरे कहेंगे—मम्मी, अंकल आये हैं। जो इनके दोस्त हैं न! इनके पीछे से हमारी देखभाल करते हैं...”

किरायेदार की पत्नी अपने पति से कहती है, “यह बुढ़िया मुझे अपने इश्क के किस्से सुनाने आती है।”

सात

गुणवन्ती नये किरायेदार के दरवाजे पर दस्तक देती है, “बहनजी! बहनजी!!”

किरायेदार की पत्नी निकलकर देखती है। वह गुणवन्ती को चेहरे से पहचानती है। यह औरत पार्वती के मकान की दूसरी मंजिल पर रहती है।

इस वक्त क्या मुसीबत आ गयी?—किरायेदार की पत्नी सोचती है—यह बयालीस वर्ष की बुढ़िया भी मुझे बहनजी ही कहती है।

“बहनजी! आप जरा ऊपर चलें।” गुणवन्ती की आवाज बरसाती मेंढक जैसी तेज है।

“क्या बात है?” किरायेदार की पत्नी मेंढक से बहुत डरती है।

“हमारी लाडो बीमार है।” गुणवन्ती भजन गाती है, “भगतजी यहाँ हैं नहीं, टूर पर गये हैं। आप जरा देखिये, लाडो को कितना बुखार है।”

“आपने थर्मामीटर लगाया?” किरायेदार की पत्नी उबासी लेती है।

“मुझे थर्मामीटर देखना नहीं आता।” गुणवन्ती कहती है, “मैं पढ़ी-लिखी नहीं हूँ। भगतजी बहुत पढ़े-लिखे हैं, वे थर्मामीटर भी पढ़ लेते हैं। पर वे तो यहाँ हैं नहीं...”

थोड़ी देर में किरायेदार की पत्नी नीचे आकर किरायेदार को ऊपर ले जाती है, “जी, जरा देखिये तो सही! मेरी तो कुछ समझ में नहीं आता!”

किरायेदार लाडो को थर्मामीटर लगाता है। बुखार थर्मामीटर में भरता जाता है—एक सौ चार। वह नजर उठाकर गुणवन्ती की ओर देखता है। गुणवन्ती की आँखों से आँसू सार्वजनिक संडास के खुले नल के समान बह रहे हैं। लाडो अपनी माँ के आँसू देखकर चीखों का संगीत देने लगती है।

“बहुत बुखार है क्या?” गुणवन्ती पूछती है।

“एक सौ है!” किरायेदार कहता है।

वह थर्मामीटर अपनी पत्नी को पकड़ाता है।

“मैं डॉक्टर के पास जा रहा हूँ। तुम यहीं बैठो।” वह चला जाता है।

आठ

गुड्डी के अंकल पार्वती के पास आ बैठे हैं। उनका स्कूटर बाहर खड़ा है। सब लोग पहचानते हैं कि यह स्कूटर किसका है।

"पार्वती! बच्चे कितने बजे सोयेंगे?" अंकल बच्चों की देखभाल करते हैं।

"काफी रात हो गयी है।" पार्वती कहती है, "बच्चे अब सोने ही वाले हैं, उन्हें नींद आ रही है। तुम भी अब घर जाओ।"

"अच्छा!" अंकल अपनी जगह से हिलते नहीं हैं।

"जाते क्यों नहीं!" पार्वती के गालों के सफेद शलजम लाल हो जाते हैं, "जो काम तुम्हें करना था वह हो गया और इतनी रात तुम्हारा स्कूटर बाहर खड़ा सब देखते हैं। उसे किसी की नजर लग गयी तो?"

"जो काम मैं करने आया था, वह बच्चों के जागते हुए नहीं हो सकता।" अंकल कहते हैं, "और स्कूटर कहो तो अन्दर रख दूँ?"

"नहीं! बाहर ही रहने दो।" पार्वती कहती है, "बाहर खड़ा है तो यह तो लगता है न कि तुम लौटनेवाले हो। भीतर कर दिया तो लोग तुम्हें लौटता देखने के लिए मेरे घर के सामने तम्बू गाड़कर सड़क खराब कर देंगे।"

दोनों चुप हो जाते हैं।

पार्वती के मन में बच्चों के प्रति खीज सीढ़ियाँ चढ़ती जाती है।

अंकलजी का मानसिक तनाव देश की आबादी की तरह बढ़ रहा है।

मातृभक्त बच्चे माँ की इच्छा का सैनिक सम्मान करते हुए एक-एक करके सोने लगते हैं।

खन्ना साहब मिसेज खन्ना को अपने गेट पर से दिखाते हैं, "देखो बत्ती बुझा रखी है और भीतर साले ऐश कर रहे हैं। वह साला यहीं है गुड्डी का अंकल। उसका स्कूटर बाहर खड़ा है। मुहल्ले में बदमाशी बढ़ रही है।"

"तुम्हें क्या पड़ी है, जो जासूसी करते हो!" मिसेज खन्ना कहती हैं, "जब पार्वता ही उसे अंकलजी को सौंप गया है, तो वह उनकी देखभाल क्यों न करे! तुम चाहोगे भी तो वह तुम्हें अपनी देखभाल करने नहीं देगी।"

"तुम अपनी बकवास बन्द करो। मुझे क्या करना है उस बूढ़ी फाफा का!" खन्ना साहब भीतर चले जाते हैं और मिसेज खन्ना के भीतर जाते ही, फिर आकर अपने गेट पर सन्तरी की ड्यूटी सँभालकर अंकलजी के स्कूटर को घूरने लगते हैं।

नौ

नया किरायेदार टैक्सी की गोद में बैठा लौटता है।

गुणवन्ती लाडो को गर्म कम्बल में लपेटती है। किरायेदार लाडो को गोद में उठाकर नीचे उतरना है। किरायेदार के साथ उसकी पत्नी भी टैक्सी में बैठती है। गुणवन्ती लाडो को अपनी गोद में ले लेती है और टैक्सी चल पड़ती है।

डॉक्टर थर्मामीटर लगाता है और लाडो तथा गुणवन्ती रोने लगती हैं।

"आप रोयें नहीं।" किरायेदार रूमाल से अपने आँसू पोंछता है।

"इंजेक्शन लगा दूँ?" डॉक्टर पूछता है।

"डॉक्टर साहब को भी थर्मामीटर से बुखार का पता नहीं चला, जो अब इंजेक्शन लगाकर देखेंगे!" गुणवन्ती किरायेदार की पत्नी से कहती, "हमारे भगतजी थर्मामीटर से बुखार जान लेते हैं।"

"डॉक्टर आप हैं।" किरायेदार डॉक्टर से कहता है, "जरूरी समझें तो अवश्य लगा दें।"

"बच्ची का कपड़ा नीचे कर दें।" डॉक्टर अपनी आँखें मेडिकल-कॉटन से पोंछता है।

गुणवन्ती की शरारती बच्चे की सीटी के समान अनायास ही चीख निकल जाती है, "आप ही इसे सँभालें, भाई साहब! मुझसे यह सब नहीं होगा। मैं इंजेक्शन नहीं लगवा सकती। आप भगतजी को तार देकर बुलवा लें। मुझसे नहीं होगा..."

"मैं आपको इंजेक्शन नहीं लगाने लगा।" डॉक्टर को रोते-रोते हिचकी आने लगती है। अपने कम्पाउंडर की ओर देखकर वह कहता है, "पानी!"

किरायेदार लाडो को सँभालकर इंजेक्शन लगवाता है।

टैक्सी घर के बाहर आकर रुकती है तो बहुत सारे लोग गाँव के बच्चों के समान घिर आते हैं। खन्ना और मिसेज खन्ना आ जाते हैं। सामने से जलोटा, उसकी पत्नी और बच्चे आ जाते हैं। गुप्ता साहब की आया मरिया आ जाती है। पार्वती अंकलजी को विदा करने के लिए बाहर खड़ी थी, वह भी मिल जाती है।

"क्या हुआ?"

"क्या हुआ??"

"क्या हुआ???"

"ओह, की होया????"

बहुत सारी जिज्ञासाएँ मक्खियों के समान भिनभिनाती हैं।

"लाडो बीमार है।" किरायेदार सबको एक ही जवाब देता है।

"कितना बुखार है?" जलोटा साहब पूछते हैं।

गुणवन्ती अपनी मुट्ठी में पकड़ा रूमाल खोलकर उसमें से लाडो को लगाया गया थर्मामीटर निकालकर उसे पकड़ा देती है।

"आपसे हमारा परिचय नहीं हुआ।" खन्ना साहब पार्वती की ओर देखते हुए नये किरायेदार से कहते हैं।

"जी, मैं सेठी हूँ।" किरायेदार अपने नाम से कटाया हुआ डॉक्टर का बिल उन्हें दे देता है, "यूनिवर्सिटी में पढ़ाता हूँ।"

"आपसे मिलकर बहुत खुशी हुई, प्रोफेसर साहब!" जलोटा अपने दाँत दिखाकर, जेब से बेबी टूथ-ब्रश निकालता है और दाँत साफ करने लगता है।

मैंने घड़ी में अलार्म लगा दिया है।" सेठी गुणवन्ती से कहता है, "जब अलार्म बजे आप लाडो को दवा दे दें।"

"या जब दवा दूँ तो अलार्म बजा दूँ?" गुणवन्ती पूछती है।

दस

"पार्वती तो वेश्या हो गयी है बेशरम।" खन्ना अपने घर में घुसते हुए कहता है, "आगे वह मारिया ही कम थी। अब तो वह कोनेवाली कोठी के नौकर की बेटी को भी पर निकल रहे हैं। पर यह साली तो बहुत बेशरम हो गयी है। नौ बजे बत्ती बन्द कर दी और साढ़े दस बजे अपने खसम को विदा कर रही थी। हरामजादी, कुतिया...!"

"बड़ी बेवकूफ औरत है यह गुणवन्ती!" सेठी अपनी पत्नी से कहता है, "यह अपनी बच्ची को कैसे सँभालेगी। बूढ़ी हो गयी पर थर्मामीटर तक इसे देखना नहीं आता। घड़ी में टाइम भी नहीं देख सकती और वह भगत चल दिया है टूर पर..."

"तुम भगत को तार ही दे दो।" उसकी पत्नी कहती है।

"वह तो मैं कल दे दूँगा। पर तार पहुँचने में और उसके वापस लौटने में कुछ देर तो लगेगी ही न। तब तक क्या होगा? कितने भक्ति-भाव से कहती है, "भगतजी को तार दे दो...भगतजी जैसे टूर पर न गया हो, तीर्थ करने गया हो'..."

"यह प्रोफेसर अच्छा आदमी लगता है।" जलोटा अपनी पत्नी से कहता है, "लाडो को डॉक्टर के पास ले गया। दवा ले आया। पर यह गुणवन्ती अजीब औरत है। हम बरसों से यहाँ रह रहे हैं और वह चली गयी प्रोफेसर को बुलाने।

हमने भी आखिर बच्चे पालकर बड़े किये हैं, हमसे तो सलाह ले लेती। और यह पार्वती! इसे तो अपने खसमों से ही फुरसत नहीं है।"

"तुम्हें क्या तकलीफ है?" जलोटा की पत्नी कहती है।

"तकलीफ क्यों नहीं है!" जलोटा गुस्से में कहता है, "हमारे होते हुए वह मुहल्ले के बाहर से मर्द इम्पोर्ट करे, यह हमारी साफ-साफ इंसल्ट है।"

'बकवास मत करो!" जलोटा की पत्नी के स्वर में क्रोध एकदम नहीं है।

ग्यारह

पार्वती मिसेज सेठी के पास धरना दिये बैठी है।

"क्या बताऊँ, बहनजी!" वह बता रही है, "बड़े गुस्सेवाले हैं ये गुड्डी के अंकल! अरे, वही इनके दोस्त! जो इनके पीछे से हमारी देखभाल करते हैं। रात मुझसे लड़कर गये थे। सोचा था, अब कभी नहीं आयेंगे। सुबह होते ही फिर आ गये। मैंने पूछा, 'अब क्यों आ गये?' तो कहने लगे, 'बस आ गये। तुम्हारे बिना दिल नहीं लगता।' बच्चों से तो उनका ऐसा दिल लग गया है कि आये बिना रह नहीं सकते।"

मिसेज सेठी चुपचाप उसे देखती रहती हैं।

"अच्छा बहनजी! मुझे जरा अंग्रेजी पढ़ा दो न! तुम तो पढ़ी-लिखी हो। मेरा तो कल से दिल काँप रहा है।" पार्वती कहती है, "इन्होंने...अरे, गुड्डी ने डैडी ने जर्मनी से चिट्ठी में लिखा है, तुमने यदि अंग्रेजी नहीं पढ़ी तो तुम्हें कभी जर्मनी नहीं बुलाऊँगा। मैं तो बहुत पछता रही हूँ उन्हें भेजकर। मुझे क्या पता था कि यह मुसीबत सिर आयेगी।" वह एक क्षण रुककर कहती है, "मर्द घर पर न हो तो लोग बदनाम करने लगते हैं। मेरी तो अपनी सास बदनाम करने लगी, इस कलमुँही मिसेज शर्मा के साथ मिलकर। कहने लगी कि तूने गुड्डी के अंकल को खसम बना लिया है। मैंने कहा, 'अम्माँ! अपनी बहू के बारे में ऐसी बात मुँह से नहीं निकालनी चाहिए और जब निकाली है तो भोग।' मैंने अपनी सास को भी गाँव भेज दिया और मिसेज शर्मा से भी मकान खाली करवा लिया। ये हमारे किरायेदार थे न पहले। और फिर गुड्डी के डैडी को चिट्ठी में भी लिख दिया सब-कुछ...तो आप अंग्रेजी पढ़ा देंगी मुझे?"

"आप अंग्रेजी पढ़ना क्यों चाहती हैं?" मिसेज सेठी पूछती हैं।

"अब देखो न! उन्हें तो भेज दिया जर्मनी।" पार्वती कहती है, "अब बच्चे यहाँ मुझसे सँभलते नहीं। मेरी तो जान आफत में आ गयी है। बच्चों की

पढ़ाई के लिए मैं अकेली यहाँ रही और बच्चे हैं कि पढ़ नहीं रहे। वे देखेंगे कि बच्चों की पढ़ाई ठीक नहीं चल रही, तो मुझे तो वे मार ही डालेंगे। उन्हें जर्मनी क्या भेज दिया, मेरा तो जीवन ही वीरान हो गया।" पंक्चर ट्यूब में से हवा निकलने के समान पार्वती के फफकने का स्वर होता है, "अब वे कहते हैं कि मुझे बुलायेंगे ही नहीं। मुझे अंग्रेजी नहीं आती तो क्या करूँ। मेरा क्या दोष? हाय! ऐसे तो वे मुझे छोड़ ही देंगे।"

"रोइये मत।" मिसेज सेठी कहती हैं, "आप अंग्रेजी क्यों पढ़ना चाहती हैं? जर्मनी में कोई अंग्रेजी समझता ही नहीं, वहाँ तो लोग जर्मन बोलते हैं। अंग्रेजी के गुलाम हम रहे हैं, वे नहीं।"

"अच्छा!" पार्वती खुश हो जाती है, "तो वे मेरे साथ मजाक कर रहे होंगे। बड़े मजाकिया हैं वे। अब आयेंगे..."

"मैंने भी सुना है।" मिसेज सेठी बात टाल जाती हैं।

"क्या?"

"कि वे मजाकिया हैं।"

"अरे बहनजी!" पार्वती बड़ी सतर्क आवाज में कहती है, "यहाँ सावधान रहना। सुनी-सुनायी बात पर विश्वास मत करना। यह मुहल्ला बहुत ही खराब है। गुणवन्ती से तुम होशियार ही रहना।"

"क्यों, क्या बात है?" मिसेज सेठी पूछती हैं।

"बात क्या है, उसकी नजर तुम्हारे घरवाले पर है। और यह मुहल्ला तो है ही रंडियों का। यह हमारा बगलवाला मकान है न। अरे, यही शर्मावाला।"

"हाँ-हाँ!" मिसेज सेठी कहती हैं।

"उसमें पहले एक आदमी रहता था। क्या भला-सा नाम था—कबूतरा या कबूतर। रोज उसके घर में एक नयी औरत थी। मैं हैरान कि मामला क्या है। जिससे पूछो, 'तुम कौन?' वही कहे, 'मैं इनकी घरवाली।' मैं समझ गयी। मैंने सब मुहल्लेवालों से कहा, "एक हो जाओ!" मुहल्लेवाले जमा हो गये। एक दिन रँगे हाथों पकड़ा गया कबूतरा। निकालकर बाहर किया।

"और अब वह मकान शर्मा के पास है। शर्मा ने भी एक रंडी रखी हुई है। उसी के पीछे रोज मारपीट होती है। आपकी तो कमाल की नींद है। रात-भर आराम से सोती रहीं आप। नहीं तो यह सारा मुहल्ला जाग गया था। शर्मा वैसे तो अच्छा करता है। इस हरामजादी को पीटता है। पर वह बेटी...इसको इसी तरह पीटता रहा, तो यह किसी दिन किसी और के साथ भाग जायेगी...हाँ, वैसे आप इससे भी बचकर रहियेगा।"

"ग्रामोफोन का घिसा हुआ रिकार्ड।" पार्वती के सीढ़ियाँ उतर जाने के बाद मिसेज सेठी कहती हैं।

बारह

गुणवन्ती का कीर्तन चल रहा है :

"अच्छा, मेरे बच्चे का हाल पूछने आयी। अरे, मैं कहती हूँ कीड़े पड़ेंगे कीड़े। इससे अच्छा था न आती हाल पूछने। सिर्फ तुम आयी, पार्वती। और कोई आया ही नहीं। या फिर आये तुम्हारे बच्चे..."

"क्या बात है?" सेठी अभी सोकर उठा और नाइट-सूट में ही लाडो का हाल पूछने ऊपर चला आया था।

"होना क्या है, भाई साहब! यही पार्वती थी और कौन आया यहाँ!" वह आलाप लेती है।

"आप जरा धीरे बोलें।" सेठी अपनी बुशर्ट फाड़कर दोनों कानों में ठूँस लेता है, "बीमार बच्चे के पास इतनी जोर से नहीं बोलना चाहिए।"

"ठीक है।" गुणवन्ती धीरे से कहती है और फिर खराब रेडियो के समान उसका वौल्यूम अपने आप ऊँचा हो जाता है, "पचीस रुपये थे पूरे। चाँदी के नहीं, कागज के थे, पर फिर ही हजम नहीं होंगे। मेरा क्या है, मैं तो सह जाऊँगी। पर यह कोई अच्छी बात तो नहीं है।"

"आप कैसे कहती हैं कि पैसे उन्होंने चुराये हैं?" सेठी कहता है, "कोई और भी तो आया हो सकता है। रात को इतने लोग थे। मैं भी था। सवेरे आपका दूधवाला भी आया था। मैं भी आया हूँ। हो सकता है, मैंने ही चुराये हों।"

"अरे नहीं, भाई साहब! आप तो मजाक करते हैं।" गुणवन्ती के भजन में आरोह आ जाता है, "मैंने अपने छोटे बटुए में पचीस रुपये डालकर यहाँ मेज पर रखे थे। और कोई नहीं आया। और किसी को चोरी की आदत भी नहीं है। यह पार्वती या उसके बच्चों में से ही किसी ने उठाये हैं। बच्चे की तबीयत पूछने के बहाने मेरे पचीस रुपये चुराकर ले गयी। हद है। अब आये तो कोई, टाँगें न तोड़ दीं तो! और किराया भी नहीं दूँगी इसे इस महीने। देखती हूँ कैसे लेती है...!"

"मैं डॉक्टर से दवाई ले आऊँ।"

गुणवन्ती की आवाज नीचे नहीं उतरती, सेठी घबराकर नीचे उतर जाता है।

तेरह

"मोची...ई...ई...ई।"

गली में से मोची की सवारी जा रही है।

"पानी पीओगे, भैयाजी?" गुप्ता की आया मरिया अपने बरामदे में खड़ी पूछती है, "ठंडा है फ्रिज का।"

"नहीं!" मोची आगे बढ़ जाता है। वह नया है शायद। अभी मरिया के महत्त्व को नहीं जानता।

"न सही!" मरिया मुँह बनाती है। वहीं पैरों के भार उकड़ू बैठ जाती है और अंजली में बोतल का पानी उँडेलकर पीने लगती है।

"सूअर की औलाद!" अब मिसेज जलोटा अपने गेट पर से दाँत पीस रही हैं। उन्हें मरिया हमेशा से अपने बड़े लड़के के लिए खतरा लगती रही है।

"सब्जीवाले भैया!" मरिया बोतल रखकर खड़ी हो जाती है, "कल सब्जी तुम खराब दे गये। मेम साहब नाराज हो रहे थे। ऐसा मत किया करो, भैया! ऐसा तो ठीक नहीं है।" वह फिर हँस देती है।

सब्जीवाला साइकिल के पीछे बँधी टोकरी में पड़े गोभी के फूल की तरह खिल उठता है, "तुम्हें मैं खराब सब्जी नहीं देता, आयाजी! ऐसा मजाक करके मेरा दिल मत तोड़ो।"

"अच्छा जाओ, जाओ! मजाक नहीं करता।" मारिया कहती है, "पानी पियोगे? ठंडा, फ्रिज का?"

"पिला दो!" सब्जीवाला अपने दाँतों की वैसे ही प्रदर्शनी करता है जैसे डेंटिस्ट के शो-केस में दाँतों का सेट पड़ा होता है।

मरिया पानी की बोलत लेने भीतर चली जाती है।

चौदह

मिसेज शर्मा मिसेज सेठी से जान-पहचान करने आयी हैं।

"आप नहीं जानतीं, बहनजी!" वह कहती है, "आप सेठी साहब को तो बचाकर ही रखें इस पार्वती से। अरे, इसका क्या है, इसे तो मर्द चाहिए और फिर सेठी साहब तो इतने सुन्दर हैं।" ठूँठ पर सूर्य की डूबती किरणों के समान उसके मुख पर शरम पसर जाती है, "क्या बताऊँ आपको! इसका कोई ठिकाना नहीं है। चौकीदार है न वह दूसरे ब्लॉकवाला। वह आता है इसके पास! इसकी बत्ती काफी देर तक जलती है। वह रात को आ जाता है। घंटे-भर इसकी चौकीदारी करने के बाद चला जाता है। इसकी देखभाल करने आता है। इसे

जिस चीज की जरूरत होती है, दे जाता है। आदमी इसका परदेस में है, तो जरूरत तो इसे होगी ही न! पर कुछ सोचना तो चाहिए इसे। एक चौकीदार! छिः-छिः! लानत है! यह औरत है। कुतिया भी कुत्ते को देखभाल लेती है। यह तो..."

"आपके मकान के बारे में कह रही थी एक दिन..." मिसेज सेठी धीरे से गुनगुनाती है।

"हाँ, पहले यहाँ रहता था कोई।" मिसेज शर्मा कहती हैं, "उसके यहाँ रंडियाँ आती थीं। उससे मकान खाली करवा लिया गया। अजी, इसमें मकान का क्या दोष है। हम वहाँ रहेंगे तो क्या खराब हो जायेंगे। कोई पेड़ पर रहेगा तो लंगूर हो जायेगा क्या? वह तो ऐसे ही रोज नियम से बकवास करती है। आदत है उसकी। आप आइये न कभी हमारे घर।"

"आऊँगी।" मिसेज सेठी कहती हैं, "मैं तो अभी किसी को जानती भी नहीं।"

"मैं सबसे मुलाकात करवा दूँगी आपकी।" मिसेज शर्मा कहती हैं, "आप आइये तो! यहाँ तो एक से एक लोग हैं। मुहल्ले में कुछ बड़े खराब लोग भी आ गये हैं। वह कोनेवाली कोठी है न! वहाँ एक अकेला है मुस्टंडा। रोज कार में किसी न किसी लड़की को लेकर आता है। शराब भी इतनी पीता है। क्या बताऊँ, आजकल तो लड़कियों का भी दिमाग खराब हो गया है। किसे क्या दोष दें। पीछे पड़ जाती हैं। न जात देखें, न पाँत। न ब्याहा, न कुँआरा..."

"कोनेवाले मकान में तो कोई घटिया-सा आदमी रहता है।" मिसेज सेठी कहती हैं।

"अजी, कहाँ!" मिसेज शर्मा अपनी आवाज को पाँच सौ पौंड वजन से दबाकर कहती है, "वह तो नौकर है। एक बेटी भी है उसकी। दोनों बाप-बेटी मालिक की सेवा करते हैं। वह तीन सौ रुपये देता है इसको। आप ही देखें, लड़की की जवानी कपड़े फाड़ रही है। भला कुँआरी लड़की का ऐसा शरीर कहाँ। जब मालिक की उसकी जरूरत नहीं होती, तो छत पर खड़ी गली में आने-जानेवालों से आँखें लड़ाती रहती है। बाकी समय तो उसके बेडरूम में ही घुसी रहती है।"

पन्द्रह

"हाय, मेरी बच्ची!" गुणवन्ती रो रही है, "तुझे क्या हो गया! हाय, भगतजी भी नहीं आये। हाय! क्या होगा? भगतजी मुझे जीता नहीं छोड़ेंगे ओ मेरी बच्ची..."

"चुप कर न!" लाडो आँखें खोलकर धीरे से झिड़कती है और आँखें बन्द कर लेती है, जैसे आँधी के झोंके से खिड़की खुले और फिर फटाक् से बन्द हो जाये।

गुणवन्ती के स्वर में बर्नोल की ठण्डक का-सा उत्सह आ जाता है, "तू बोली, मेरी बच्ची! कैसाजी है तेरा, लाडो!"

"चुप कर!" लाडो धमकी देती है, "ऐसे परेशान करेगी तो मैं मर जाऊँगी।"

"नहीं, लाडो! नहीं।" गुणवन्ती के चेहरे पर सियार के ब्याह की-सी धूप भी है और रिमझिम भी।

"क्या हाल है लाडो का?" सेठी पूछता है। वह भयभीत चूहे-सा अभी ऊपर आया है।

"ठीक है। आप ही देख लो, भाई साहब!" गुणवन्ती कहती है, "मुझे तो कुछ समझ में नहीं आता।"

"रात को ठीक से सोयी लाडो?" सेठी पूछता है।

"यह सो जाती थी तो मैं घबरा जाती थी।" गुणवन्ती कहती है, "मैं रात-भर इससे बातें करने की कोशिश करती रही।"

"मम्मी मुझे सोने नहीं देती।" लाडो शिकायत करती है।

"बीमार बच्चे को आराम की जरूरत होती है।" सेठी कहता है, "उसे सोने दें। दवाई दे रही हैं?"

"हाँ जी।" गुणवन्ती पूछती है, "आपने भगतजी को तार दे दिया था?"

"दे दिया था।"

"सिंगल या डबल?"

"डबल।"

"क्या लिखा था?"

"लिखा था, लाडो बीमार है, जल्दी आ जायें।"

"अच्छा भाई साहब, देखा आपने!" गुणवन्ती का 'लीजिये फिर सुनिये' कार्यक्रम आरम्भ होता है, "कैसे चोर हैं यहाँ के लोग! पार्वती ने अभी तक मेरे पचीस रुपये नहीं लौटाये। सारी दुनिया जानती है, उसके बच्चों की चोरी की आदत है। मैं कहती हूँ, कीड़े पड़ेंगे..."

"बीमार बच्चे के सामने चिल्लायें नहीं।" सेठी उसका स्विच ऑफ कर देता है।

सोलह

पार्वती के घर सवेरे से दूसरे ब्लॉक के चौकीदार की ड्यूटी लगी हुई है।

"प्रभुदयाल!" बच्चे पूछते हैं, "मीट लाये?"

"हाँ लाया हूँ।" चौकीदार मीटवाला लिफाफा पार्वती को देता है, "बीबीजी! मीट बनाओ।"

"आज मीट बनेगा।" चिल्लाते हुए बच्चे गली में भाग जाते हैं।

"प्रभुदयाल!" पार्वती कहती है, "राशन भी लाना है और आटा भी पिसाना है।"

"कर दूँगा।" प्रभुदयाल कहता है, "दिन में बच्चे सो जायेंगे कि रात को फिर आना पड़ेगा।"

"बच्चों को खेलने भेज दूँगी।" पार्वती कहती है, "पहले जो कहा, वह तो कर।"

प्रभुदयाल हँसता है, "अच्छा, राशन कार्ड दे दो, बीवीजी।"

वह राशन लेने चला जाता है और पार्वती बालों में लगाने के लिए फूल तोड़ने लगती है।

सत्रह

मरिया अपनी मेमसाहब को सुना रही है :

"हमसे सेठी मेमसाहब ने कहा, 'मरिया, हमको भी अपना माफिक आया ला दो।' हमने बोला, 'मेमसाहब, आया मिल जायेगा। एक्सिलेंट कुछ भी होयेगा। घर का सारा देखभाल करेगा। पर कपड़ा नहीं धोयेगा और साहब का दिल नहीं बहलायेगा। हम लोग ऐसा काम नहीं करता।"

"तब क्या कहा सेठी मेमसाहब ने?" मिसेज गुप्ता उत्सुकता से पूछती हैं।

"सेठी मेमसाहब बोला, 'ठीक है।' हम पूछा, 'पैसा कितना देगा?' तो वह पूछा, 'कितना लेगा?' हम बोला, 'खाना-कपड़ा, रहने का कमरा और सौ रुपया नगद'।"

"तब क्या बोला सेठी मेमसाहब ने?" मिसेज गुप्ता फिर पूछती हैं।

"कुछ नहीं बोला सेठी मेमसाहब। चुपचाप लौट गया।" मरिया कहती है।

"सब कमीने लोग हैं।" मिसेज गुप्ता कहती है, "न तौर न तरीका। न रहने का ढंग, न बातचीत का। बड़े आये आया रखनेवाले! मरिया, तुझे मैंने कहा था न कि इसी गली की औरतों से एकदम बात नहीं करनी है।"

"कहा था, मेमसाहब।"

"फिर क्यों की?"

"मेमसाहब!" मरिया कहती है, "वह अपने-आप हमसे बात किया। आगे से नहीं करेगा, मेमसाहब।"

"ठीक है।" मिसेज गुप्ता अपने कुत्ते की जुराबें निट करने लगती हैं।

"मेमसाहब!" मरिया फिर कहती है।

"हाँ।"

"आज शाम को टेलीविजन देखेगा न?"

"हाँ।"

"मेमसाहब! हमारा पोस्टमैन भी देखना माँगता था। हम उसे आ जाने को बोला था।" मरिया कहती है।

"ठीक है, वह गली के बाहर का है।"

अठारह

"लाडो का क्या हाल है?" मिसेज सेठी पूछती हैं।

"ठीक है। आप देख लो। मुझे तो पता नहीं चलता।" गुणवन्ती कहती है, "सवेरे भाई साहब जो दवाई दे गये थे, वही दे रही हूँ। आप लोग बहुत सेवा कर रहे हैं लाडो की। और एक वह है, पार्वती। कमीनी! मेरे पचीस रुपये चुराकर ले गयी।"

"आप बीमार बच्चे के सामने ऐसी बातें न करें..." मिसेज सेठी की तबीयत खराब होने लगती है।

"वह तो ठीक है।" गुणवन्ती कहती है, "पर देखो कितना फरक है, शहर के लोगों में। मैं तो बहुत चिन्तित थी। आपने सब ठीक कर दिया। अब भगतजी आ जायें... अब देखो तो भगतजी कहते हैं कि सरकारी कोठी मिलनेवाली है। हम कोठी ले लेंगे। मैं कहती हूँ, हमें कोठी का क्या करना है। वहाँ मैं कैसे रहूँगी अकेली, मुझे तो क्वार्टर चाहिए, जहाँ आसपास अपने जैसे भाई-बन्धु हों। एक आप हैं और एक जलोटा साहब। बड़े मिलनसार! नहीं तो सारा मुहल्ला कमीनों का है। आप जानती हैं..."

"क्या?" मिसेज सेठी पूछती है।

"मैंने तो रंडी भी इसी मुहल्ले में आकर पहली बार देखी। यह शर्मावाला घर है न, इसमें पहले आती थीं। मैंने कभी कोई रंडी नहीं देखी थी। मैंने भगतजी से कहा, 'हैं जी, यह रंडी कैसी होती है?' वे बोले, किसी दिन दिखा देंगे।"

"एक दिन मैंने देखा, एक कार आकर इस घर के सामने रुकी। मैंने

झाँककर देखा, उसमें एक लड़की बैठी थी। गोरी-चिट्टी लड़की। साड़ी बाँधे थी और दो चोटियाँ की हुई थीं। भगतजी बोले, 'यह रंडी है।' मैं बोली, 'हैं! नहीं जी। यह तो एक लड़की है।' वे बोले, 'रंडी भी तो लड़की ही होती है।' सच कहती हूँ, बहनजी! मैंने जीवन में पहली बार वह रंडी देखी थी। या फिर यह देखी है पार्वती। यह भी कम नहीं है किसी रंडी से।"

उन्नीस

मीट बनकर तैयार हो गया है।

प्रभुदयाल राशन भी ले आया है। आटा भी पिसा लाया है।

"मम्मी, हमें मीट दो।"

"मम्मी, हमको रोटी दो।" बच्चे चिल्ला रहे हैं।

"देती हूँ, मरो! यहाँ बैठ जाओ।"

पार्वती जमीन पर चटाई बिछा देती है।

बच्चे अपनी-अपनी थाली और कटोरी लेकर पंगत में बैठ जाते हैं। पार्वती सबको दो-दो रोटियाँ देती है और कटोरी में मीट डाल देती है।

"मम्मी, हमको एक बोटी कम मिली है।"

"मम्मी, हमको तरी चाहिए।"

"मम्मी, देखो इसने मेरी बोटी ले ली।"

"चुप करो, भुक्खड़ो! चुप रहो।"

पार्वती मीट का पतीला लेकर भीतर चली जाती है।

प्रभुदयाल मेज पर बैठा इन्तजार कर रहा है।

"बच्चों को खेलने भेज दिया?" प्रभुदयाल ओलम्पिक खेलों में भारत के खिलाड़ियों को विजय के लिए बहुत चिन्तित है।

"खाना खा लें तो भेज देती हूँ।" पार्वती अपनी नायलॉन की साड़ी में से पेटीकोट पर बना हुआ लाल फूल दिखाती है।

बीस

मिसेज खन्ना मिसेज शर्मा से मिलने आयी हैं। वार्ता चौरासी वैष्णवन की।

"रात को खन्ना साहब की तबीयत खराब थी। हम रात-भर जागते रहे। उनकी खाँसी ही नहीं थम रही थी। रात-भर गुणवन्ती की बत्ती भी जलती रही..."

"हाँ, उसकी लाडो बीमार है।" मिसेज शर्मा कहती हैं।

"अजी, सभी बीमार हैं।" मिसेज खन्ना हँसते हुए कस्टर्ड का डकार लेती हैं और अपनी बायीं आँख को ट्रैफिक की जलती-बुझती नारंगी बत्ती की तरह झपका देती हैं, "जलती बत्ती देखकर जलोटा साहब को भी नींद नहीं आयी। रात को दो बजे लाडो का हाल पूछने गये थे।"

"रात को दो बजे!" मिसेज शर्मा की आँखें रोलिंग शटर्स की तरह खट से खुल जाती हैं, "नहीं, तुम मजाक कर रही हो।"

"अरे नहीं, तुम्हारी कसम!" मिसेज खन्ना कहती हैं, "सच कह रही हूँ। जलोटा आधा घंटा वहाँ रहा। मैंने खन्ना साहब को भी दिखाया। नींद उन्हें भी नहीं आ रही थी। कहने लगे, "आओ, हम भी कुछ कर डालें।' और मुझे लगता है कि मैं फिर फँस गयी हूँ..."

"बड़ी बुरी बात है।" मिसेज शर्मा देश के पतन से बहुत दुखी हैं, "यह साली पार्वती को बदनाम करती थी और खुद क्या है? सब सालियाँ कोनेवाली कोठी के नौकर की बेटी और गुप्ता की आया मरिया जैसी होती जा रही हैं।"

"हमें क्या!" मिसेज खन्ना वैरागिन मीराँ के समान उदासीन है, "खुद भुगतेंगी।"

"हाँ!" मिसेज शर्मा अचानक रोशनी पाकर फड़फड़ाते चमगादड़ के समान चौंकती हैं, "तुमने कहा था फिर फँस गयी हो?"

"हाँ!" मिसेज खन्ना के मुख पर लाल रंग का ईरानी कालीन बिछ जाता है।

"तुम्हारा क्या है, औरत थोड़ी हो, गाय हो। हर साल ब्याई जाती हो।" मिसेज शर्मा की जीभ लाल तिकोन बन जाती है।

"तुम्हें क्यों चिढ़ लगती है!" मिसेज शर्मा कहती हैं, "सबके घरवाले के समान रंडियों के पीछे थोड़े ही भागते हैं।"

इक्कीस

पार्वती मिसेज सेठी को डाक देने आयी है।

"बहनजी! आपकी चिट्ठियाँ।"

"सब हमारी हैं क्या?" मिसेज सेठी बात करने की औपचारिकता निभाती हैं।

"हाँ, आज तो सब आपकी है।" पार्वती चुने हुए पुराने रिकार्ड सुनाती है, "हमारी तो सोमवार और बृहस्पतिवार को ही आती हैं जर्मनी से। मैं तो बहुत पछता रही हूँ बहनजी, उनको भेजकर। क्या कहूँ! अब तो जीवन में कोई

रस ही नहीं रहा। भला तुम ही बताओ, हफ्ते में दो चिट्ठियों से क्या होता है। चिट्ठियों के सहारे कोई कब तक जीवन काटेगा..."

पार्वती की आँखों से आँसुओं के साथ गीद बहने लगती है, "आज सवेरे से तो मन बहुत ही उदास है। उनकी बहुत याद आ रही है। कल रात-भर में सो नहीं पायी। रोती रही। तकिया भिगो डाला। अब सोच रही हूँ तकिया उधेड़कर उसकी रुई धूप में सुखा डालूँ, नहीं तो बदबू मारने लगेगा।"

मृतात्मा के शोक में क्षणभर चुप रहने के समान रुककर वह कहती है, "वे यहाँ होते तो काहे को यह सब करना पड़ता। क्यों रोती मैं, क्यों मेरे बच्चे तरसते! आज तो घर में आटा भी नहीं था। भला हो प्रभुदयाल का! गरीब राशन भी ले आया और आटा भी पिसाकर दे गया, नहीं तो आज बच्चे भूखे ही रहते।

"वे यहाँ थे, तो हमारे पास अपना स्कूटर भी था न। स्कूटर पर टाँग धरी और चल दिये। आनन-फानन सारे काम हो जाया करते। कोई तकलीफ ही नहीं थी। अब पता नहीं वे दिन कब आयेंगे।

"अब तो जान की मुसीबत ही है। कल बैंक जाना था, काम होता है तो जाना पड़ता है। क्या भला-सा नाम है उसका! बस मैं उसी के पास सीधी चली गयी। अरे वही, हमारी पुरानी किरायेदारिन का भतीजा। उसी ने, भगवान भला करे उसका, मेरा सारा काम जल्दी-जल्दी करवा दिया। फिर बोला, 'चलिये, आपको चाय पिलायें।' मैंने मना कर दिया तो बोला, 'तो कोकाकोला पी लीजिये।' पर पिलायी उसने, क्या भला-सा नाम है, गोल्ड स्पाट। उसने इतनी बार कहा तो फिर पीना ही पड़ा। अब उससे काम कराया था तो उसकी बात टाल तो नहीं सकती थी न। उसके साथ मुझे कितने ही लोगों ने देखा होगा। कोई यह तो नहीं सोचता कि अकेली औरत के साथ कितनी मुसीबत होती है। बातें बनाने को सभी तैयार..."

"और अब तो कितने ही दिनों से बच्चों के अंकल भी नहीं आये!" विरह के सारे दरिया पार्वती के हृदय–हिन्द महासागर में गिरते हैं।

"दिल भी यारब्ब कई दिये होते..." मिसेज सेठी गुनगुनाती हैं।

बाईस

भगतजी मन्दिर में आ गये और सन्त समागम हो रहा है। गुणवन्ती के चहकने की आवाज लाउडस्पीकरवाले कीर्तन के समान गली के बाहर सुनायी पड़ने लगी है।

सेठी लाडो का हाल पूछने जाता है।

भगतजी उसके स्वागत में 'कोएर मैट' के समान बिछ जाते हैं।

"अच्छा, सेठी साहब!" वे पूछते हैं, "आपने मुझे तार सिंगल दिया था या डबल? गुणवन्ती कह रही थी कि आपने डबल तार दिया था और मुझे जो मिला, वह सिंगल ही था। एक रास्ते में झड़ गया लगता है।"

"बात यह है, भगतजी!" सेठी प्रार्थना करता है, 'आपको सिंगल तार भी सवेरे ही मिलना था और डबल भी। मैंने सोचा, पैसे क्यों वेस्ट किये जायें, इसलिए सिंगल तार दिया। ये बहुत घबरायी हुई थीं, इसलिए इनको डबल बता दिया। वैसे इतनी घबराहट के मारे बहुत झूठ बोलना पड़ा। एक सौ चार बुखार को भी एक सौ ही बताता रहा।"

"तो इसका मतलब है, आप झूठ भी हैं?" गुणवन्ती दरवाजे के पीछे से अपनी लजीली मुसकान थोक के हिसाब से डिस्पैच करती है।

"जी!" सेठी का चेहरा द्विवेदीकालीन गद्य बन जाता है।

"आपने बहुत काम किया!" भगतजी प्रार्थना में आँखें बन्द कर लेते हैं।

'आप नहीं थे, इसलिए करना पड़ा।" सेठी कन्फैस करता है, "अब आप आ गये हैं, इसलिए नहीं करूँगा।"

"हा-हा-हा।" भगतजी अनहदनाद करते हैं।

तेईस

शर्मा अभी-अभी हफ्ता-भर बाहर रहकर लौटा है और उसके घर में सरकस के टेंट गड़ गये हैं। चीख-चिंघाड़ शुरू हो गयी है। भीतर के कटखने कुत्तों के लड़ने का स्वर आ रहा है।

"मैं देखती हूँ तुम कैसे ले जाते हो!" मिसेज शर्मा पंडित जवाहरलाल नेहरू के स्वर में चीन को चुनौती देती हैं।

"देखो, और जी भरकर देखो।" शर्मा कहता है, "और एक बात कान खोलकर सुने लो, यह घर मेरा है। यहाँ वही रहेगा, जिसे मैं चाहूँगा। तुम निकल जाओ यहाँ से, मैं तुम्हारी शकल नहीं देखना चाहता है।"

"मेरी शकल नहीं देखना चाहते, जिसे तुम ब्याहकर लाये हो, जो तुम्हारे बच्चों की माँ है!" मिसेज शर्मा, शर्मा से भी एक फ्लोर ऊपर से बोलती है, "और उस कुतिया के तलवे चाटोगे जो किसी दिन तुम्हारे मुँह पर पेशाब करके चली जायेगी!"

"चुप, हरामजादी!" शर्मा के मुँह में पेशाब का स्वाद भर आता है।

"मैं आज ही ससुरजी को चिट्ठी लिखूँगी।" मिसेज शर्मा, शर्मा पर संडास की दुर्गन्ध छोड़ती हैं।

"चिट्ठी क्यों लिखती है, खुद ही क्यों नहीं चली जाती उस खूसट के पास! उसकी जवानी पर भी काई जमे।"

शर्मा उसे घसीटता हुआ पिछले स्टोर में धकेल देता है और दरवाजे की कुंडी लगा देता है।

बच्चे दरवाजे के पास खड़े होकर उसकी दरार से अपना सजैशन भीतर डालते हैं "मम्मी, तुम अपने ब्याव फ्रैंड से डैडी की गर्ल फ्रैंड को क्यों नहीं पिटवातीं!"

शर्मा बाहर खड़े मजदूरों को बुला लाता है। वे लोग डाइनिंग रूम में से फ्रिज उठाकर बाहर खड़े टैम्पो में रखते हैं और चले जाते हैं।

शर्मा उनके पीछे अपने स्कूटर पर चलता है : चल चल रे नौजवान...

"और खा ले बर्फ। और माँग बर्फ के पैसे। कमीनी! कमजात!" मिसेज खन्ना अपने गेट पर खड़ी-खड़ी मिसेज शर्मा के सोहाग गाती हैं।

चौबीस

"चिट्ठी ले लो, मरियाजी!" डाकिया गुप्ता की आया को आवाज देता है।

"किसकी चिट्ठी है?" मरिया पेरी की मिठाई जैसी मीठी आवाज में पूछती है।

"यह तो चिट्ठी पढ़कर ही बता सकता हूँ।" डाकिया मरिया के हाथ से फिर बैरंग चिट्ठी झपट लेता है।

"नहीं, रहने दो!" मरिया उसके कन्धे पर हाथ रख, उसकी पकड़ पिघला लेती है और चिट्ठी वापस ले लेती है, "पानी पियोगे?"

"पानी क्यों पिलाती हो, मरियाजी?" डाकिया अपनी आँखों में बड़े-बड़े मनीआर्डर भरकर कहता है।

"प्यास बुझाने को!" मरिया मुग्ध नायिका-सी भोली बन जाती है।

"हाय! प्यास ही तो बुझती नहीं।" डाकिया सारे मनीआर्डर बैरंग लौटा देता है।

"ही-ही-ही।" मरिया बड़ी फिच्च से हँसकर, अपनी छत पर खड़ी कोने की कोठी के नौकर की बेटी को मुँह चिढ़ा देती है, "साली, अभी भी तेरे से मेरे आशिक ज्यादा हैं।"

"मरिया!" मिसेज गुप्ता आवाज लगाती हैं।

"जी, मेमसाहब!" मरिया भीतर चली जाती है।

"किससे बातें कर रही थी?" मिसेज गुप्ता पूछती है।

"किसी से नहीं, मेमसाहब!" मरिया कहती है, "शर्मा साहब अपनी वाइफ

को पीट रहा था, उसी का शोर था।"

"अच्छा, भीतर बैठ। नहीं तो शर्मा वह फ्रिज लाकर तेरे आँचल में डाल देगा। कैसे-कैसे कमीने लोग आ बसे हैं इस कालोनी में।"

पचीस

अंकलजी का स्कूटर पार्वती के घर के बाहर खड़ा है।

'तुम पैदल क्यों नहीं आ जाते?" पार्वती कहती है, "अपना इश्तहार बाहर छोड़कर आना बहुत जरूरी है?"

"अपना इश्तहार न लाऊँ तो रात को ग्यारह बजे तेरी सेज से उठकर पैदल घर जाऊँगा?" अंकलजी को अपनी पैदल चलती बारात याद आती है।

"अच्छा बाबा!" पार्वती भारत सरकार के प्रोटेस्ट नोट की सख्ती के साथ कहती है, "तुम बाहर लिखकर बोर्ड लटका आओ कि आज मैं पार्वती के साथ सोऊँगा।"

"बोर्ड तुम लटकाओ", अंकलजी की आवाज चीनी प्रोस्टेट के बराबर हो जाती है, "कि तुम चौकीदारों के साथ भी सोती हो। कोई भी हो, बस मर्द होना चाहिए।"

"बकवास मत करो!" पार्वती कहती है, "तुम्हें क्या हक है ऐसी बकवास करने का। नेम के पक्के हो तो जाओ अपनी औरत के पास सोओ। उसे पड़ोसियों के लिए छोड़कर मेरे पास क्या करने आते हो?"

"मैं तो तेरी देखभाल करने आता हूँ।" अंकलजी कहते हैं, "तू मेरे दोस्त की घरवाली न होती तो मैं क्यों आता तेरे पास!"

"दोस्त की घरवाली क्या इसीलिए होती है?" पार्वती विरोधी दल के नेताओं के समान पूछती है।

"और क्या दोस्त की पत्नी रंडी बनने को छोड़ देने के लिए होती है! मैंने सोचा मैं तेरी जरूरत पूरी कर दूँ ताकि तू सती बनी रहे, इधर-उधर न झाँके।" अंकलजी मित्रता के लिए प्राण देने को प्रस्तुत हैं, "अब मुझे उसको जर्मनी में लिखना पड़ेगा कि तू यहाँ एकदम गली की कुतिया बन गयी है।"

"अच्छा, जा फिर, जा-जा। इसी स्कूटर पर बैठकर जर्मनी चला जा।" पार्वती भाप से भरे प्रेशर कुकर की तरह सिसक उठती है, "मैंने तुझे अपना सब कुछ दिया भड़वे! और अब तू मेरे पास बकवास करने आया है! मेरे चरित्र पर लाँछन लगाता है! जा, चला जा!"

अंकलजी कुर्सी पर बैठकर बार-बार पहलू बदलने लगते हैं।

पार्वती अंकलजी को बैठा छोड़ा, मिसेज सेठी के पास चली जाती है,

"बहनजी! मैं तो उन्हें जर्मनी भेजकर बहुत पछतायी। देखो न, आज तो चिट्ठी भी नहीं आयी। अब कोई चिट्ठी के बिना भी कैसे रहेगा..."

प्रेशर कुकर की भाप निकलने लगती है।

छब्बीस

मिसेज खन्ना मिसेज जलोटा के पास गयी हैं।

"अब देखो न, बहनजी!" वह शिकायत करती है, "इस कॉलोनी में लोग जाने कैसे हो गये हैं। कोई किसी से मिलना ही नहीं चाहता। उधर मिसेज गुप्ता हैं, मजाल है किसी से मिल जाये। अपने बच्चों तक को किसी के बच्चों के साथ खेलने नहीं देती मुई! नकचढ़ी! मिसेज शर्मा भी अपने घर के झगड़ों के मारे निकलती ही नहीं। एक यह और आ गयी है मिसेज सेठी। दिनभर घर में घुसी रहती है। घर-घुसी पता नहीं क्या करती रहती है दिनभर। वह सेठी भी जाता है और घंटे-भर में लौट आता है। घर में घुसे क्या कीमियागिरी करते रहते हैं। एक बच्चा तक तो पैदा कर नहीं सके अभी तक.."

"पता नहीं क्या करते हैं ये।" मिसेज जलोटा अपना पूअर जनरल नॉलेज प्रदर्शित करती हैं, "गुणवन्ती के पास बहुत जाता था सेठी।"

"जाता होगा...उसके बेटे जैसा तो है।" मिसेज खन्ना वितृष्णा से कहती हैं, "मेरा तो खट्टे-खट्टे मुंड खाने को जी करता है।"

"मिसेज खन्ना! तुम फिर...?" मिसेज जलोटा की जिज्ञासा में लाल तिकोन की डाँट है।

"हाँ!" मिसेज खन्ना के मुख पर वीर प्रसविनी धरती का गर्व है। थोड़ी ही देर में वहाँ अरब देशों का आक्रोश आ जाता है, "वह है न मिसेज शर्मा! वह कहती है, मैं गाय हूँ, हर साल ब्याई जाती हूँ। अब कोई उससे पूछे, तेरी तेरे खसम से नहीं बनती तो और भी किसी के घर में खुशी न हो। और फिर क्या मेरे ही साथ है यह। वर्मा की बहू है, मिश्रा की बेटी है, जान की पत्नी है। मुझे तो लगता है कि अब सेठी की वाइफ़ भी..."

"हाँ जी! हाँ जी! लगता तो मुझे भी है।" मिसेज जलोटा देश की सम्मानित सरकार के समान अरब देशों की हाँ में हाँ मिलती है।

सत्ताईस

"चोर कहीं की!" गुणवन्ती का अर्चना-कार्यक्रम गली के सारे मकानों पर फहरा रहा है, "महीना हो गया मेरे पचीस रुपये नहीं लौटाये तूने। कीड़े पड़ेंगे, मैं कहती हूँ कीड़े...!"

"कीड़े पड़ेंगे तेरे!" पार्वती भारतीय संस्कृति का भाष्य करती है, "जो लोगों पर झूठी चोरी लगाती है। हम लाखों-हजारों में खेलनेवाले तेरे पचीस रुपये चुरायेंगे। कमीनी! बदजात! तूने जिन्दगी में पहली बार पैसा देखा है, हमने नहीं।"

"मीट बना मीट!" गुणवन्ती का वैल्यूम ऊँचा हो जाता है, "खसम को तेरे पता चले तो मुँह काला करके घर से निकाल दे!"

"मुझे निकाल भी दे, तो तुझे नहीं रखेगा।" पार्वती की हँसी में ट्रक का टायर फटने की ध्वनि है।

"प्रभुदयाल फिर आया है शायद!" मिसेज सेठी गुनगुनाती हैं।

"और भगतजी फिर टूर पर चले गये है शायद।" सेठी अपनी किताब लेकर बाथरूम में चला जाता है।

नगर बसाने का विज्ञान

रामलुभाया ने नगर बसाने की विधियों पर अपना भाषण समाप्त किया तो मन्त्रीजी ने उसको डाँट दिया, "तुम्हें किस गधे ने नगर बसाने का अधिकारी नियुक्त कर दिया है। तुम्हारी योजनाओं से चलें, तो सरकार के अरबों रुपये लग जायें और दस आदमी भी वहाँ बसने न आयें।"

रामलुभाया ने उस अँगूठा-टेक मन्त्री को आश्चर्य से देखा, जो देश के सबसे बड़े टाऊन प्लैनर को उसकी इतनी महत्त्वपूर्ण योजनाओं की प्रस्तुति पर डाँटा रहा था।

"क्यों! क्या कमी रह गयी सर!" उस मन्त्री को सर कहकर सम्बोधित करने की मजबूरी के लिए रामलुभाया ने अपने भाग्य को दस बार धिक्कारा।

"कौन-सी कमी उसमें नहीं है।" मन्त्री महोदय बोले, "तुम चाहते हो, पहले सरकार जमीन प्राप्त करे। उस पर सड़कें बनवाये। नालियों का जाल बिछाये। बिजली की तारें खींचे। टोलीफोन लगवाये। फिर प्लॉट काटे। उसे बेचे। लोगों को आकृष्ट करे।"

"हाँ, सर।"

"उसमें सरकार के अरबों रुपये लग जायेंगे और हाथ कुछ नहीं आयेगा। क्या आज तक एक भी महानगर इस प्रकार बसा है, जैसे तुम बसाना चाहते हो?"

"क्यों नहीं, सर! संसार के सारे महानगर इसी प्रकार बसे हैं।"

"किसी एक महानगर का नाम लो।" मन्त्री ने उसे वितृष्णाभरी दृष्टि से देखा।

"पेरिस।"

"अपने देश की बात करो, मिस्टर रामलुभाया, अपने देश की। तुम पढ़े-लिखे लोगों में यही तो दोष है, जो बात करोगे, अन्तर्राष्ट्रीय ही करोगे। अपने देश की परिस्थितियाँ, उन देशों से एकदम भिन्न हैं।"

रामलुभाया अचकचा गया। बात तो सत्य थी मन्त्री महोदय की। फ्रांस और

भारत में बहुत अन्तर था। रामलुभाया ने सँभलकर कहा, "चंडीगढ़, सर।"

"चंडीगढ़ भी कोई महानगर है?" मन्त्री महोदय बहुत रुष्ट दिखायी पड़ रहे थे, "अरबों रुपये खर्च कर डाले। तीन-तीन प्रदेशों की सरकारों के मुख्यालय वहाँ बना डाले। और आज भी वह नगर ढंग से नहीं बस पाया। आबादी बढ़ ही नहीं रही। अरे, महानगर हैं—दिल्ली, मुम्बई और कलकत्ता। उनमें से एक भी नगर ऐसे नहीं बसा, जैसे तुम बसाना चाह रहे हो।"

"तो सर!" रामलुभाया की समझ में कुछ भी नहीं आ रहा था।

"मुझे लगता है, हमारे देश में पढ़ाई बहुत पिछड़ गयी है। हमारे अपने ही देश में इतने महान् धरातल पर नये-नये प्रयोग हुए हैं; किन्तु उनमें से किसी का भी लाभ हमारे कॉलेजों और विश्वविद्यालयों ने नहीं उठाया। वही अंग्रेजों के समय की घिसी-पिटी बातें पढ़ाये जा रहे हैं आज तक।...।"

आश्चर्य से रामलुभाया का मुख खुल गया। यह मन्त्री तो बड़ी ऊँची बातें कर रहा था। वह उसकी कुर्सी के सामने धरती पर ही बैठ गया। उसने उसके गन्दे जूते अपनी दोनों हथेलियों में पकड़ लिये, "इस नयी टैक्नीक के विषय में कुछ हमें भी बताइये सर!"

"जहाँ संसार के अन्य सारे व्यापार समय सापेक्ष हैं, वहीं ज्ञान को भी समय सापेक्ष ही समझो पुत्र।" मन्त्री महोदय ने मानो प्रथम मन्त्रोच्चार किया।

रामलुभाया समझ गया कि अब मन्त्रीजी आईंस्टाइन के सापेक्ष सिद्धान्त के विषय में उसे कुछ बताने जा रहे हैं। वह हाथ जोड़े, आँखें मूँदे, उसी प्रकार शान्ति से बैठा रहा।

"कोई समय था पुत्र! जब भारत ने अपना सारा ज्ञान अध्यात्म के माध्यम से प्राप्त किया था।" मन्त्रीजी ने कहा, "किन्तु वर्तमान काल में हमने अपना सारा ज्ञान राजनीति से प्राप्त किया है।"

"हमने अपनी राजनीति करते-करते सीखा कि चुनाव में अपनी जीत निश्चित करने के लिए पहला सोपान है कि किसी बसे-बसाये नगर पर कभी भरोसा नहीं करना चाहिए। तो वत्स! हमने गाँव के पिछड़े और निर्धन लोगों को लाकर दिल्ली के फुटपाथों पर बसा दिया। उनमें से किसी ने भी नहीं कहा कि वहाँ अच्छे मकान नहीं हैं अथवा शौचालय नहीं हैं। उन लोगों ने अपना सारा प्रबन्ध स्वयं ही कर लिया। बिजली की सरकारी तारों पर कटिया डाल ली। शौच के लिए सड़क पर ही बैठ गये। पानी के लिए किसी स्थान पर कोई टूटी-ऊटी खोज ली, अथवा बरमा लगा-लगवा लिया। किसी ने कोई शिकायत

नहीं की : और अच्छी-भली बस्ती बस गयी। एक धेला खर्च नहीं हुआ और नगर बस गया।"

रामलुभाया को मन्त्री महोदय का यह ज्ञान हजम नहीं हुआ। बोला, "क्या आपको यह दिखायी नहीं पड़ता कि अपने आलस्य अथवा स्वार्थ के कारण आप पहले से बसे लोगों के लिए कठिनाई उत्पन्न करते हैं, नये आये लोगों को अमानवीय परिस्थितियों में जीने को बाध्य करते हैं; और देश में अवैध गतिविधियों को प्रोत्साहित करते हैं।"

"नहीं। हमको यह दिखायी देता है कि यदि हम इस देश के लोगों का जीना हराम नहीं करेंगे, तो यह देश हमारा जीना हराम कर देगा। अब यदि किसी का जीना हराम होना ही है तो देश का ही जीना हराम क्यों न हो।..." मन्त्री जी ने अपने दाँत प्रकट कर दिये।

[रचना : 27.1.96]

राष्ट्र के प्रतिनिधि

रामलुभाया के घर का शोर सुनकर मेरा दिल दहल गया। मुझे लगा कि उनके घर में कुछ अनहोनी घट गयी है। पर जब तक कुछ मालूम न हो कि हुआ क्या है, आदमी संवेदना प्रकट करने भी कैसे जाये? हम किसी के घर यह सोचकर जायें कि उनके घर के कोई वृद्ध अपनी आयु पूरी कर भगवान् को प्यारे हो गये हैं और वहाँ जाकर पता चले कि उनका पालतू तोता स्वर्ग सिधार गया हैं...ऐसे अवसर पर संवेदना गले में अटकी-सी रह जाती है, न उगलते बनती है और न निगलते। उन वयोवृद्ध सज्जन को देखकर बुरा लगने लगता है कि वे ढीठ बने क्यों जी रहे हैं। यदि वे तोते के स्थान पर अपने प्राण दे देते, तो उनका क्या बिगड़ जाता।

मैंने अपनी पत्नी से कहा, “जरा नारी सम्पर्क-समिति की सेवाएँ प्राप्त कर पता लगाओ कि रामलुभाया के घर में क्या हो गया है।”

मेरी पत्नी उसी क्षण जाने कैसे करालिका हो उठी, “उनके घर में प्रलय मचा है और तुम अभी बेतार के तार ही खटखटा रहे हो। भागकर जाओ। देखो, क्या हुआ है। उन्हें हमारी सहायता की आवश्यकता हो सकती है।”

अब मेरे लिए और कोई उपाय नहीं था। मन में विभिन्न प्रकार की वीभत्स कल्पनाएँ लेकर मैं उनके घर की ओर चल पड़ा। सोचा, सम्भव है रामलुभाया बेहाल पड़े छटपटा रहे हों। हो सकता है कि समझाने पर भी वे स्वयं को सँभाल न पायें। क्यों न मैं अपने साथ कोई शान्तिकारक दवा ले जाऊँ? उन्हें उस स्थिति में छोड़कर आना और अपने घर में दवा खोजने में समय गँवाना व्यर्थ है...पर फिर मन ने धिक्कारा... वहाँ पीड़ा के नगाड़े बज रहे हैं, चीत्कार की दुंदुभी फूँकी जा रही है और तुम लौटकर घर आ जाओगे—दवा खोजने बहाने?...

मैं अपने मन के धिक्कार से इतना विचलित हुआ कि क्षणभर भी गँवाये बिना उनके फाटक पर जा पहुँचा। उनके घर के भीतर से चीत्कार की ध्वनियाँ उसी प्रकार एक-दूसरे से होड़ करती बाहर आ रही थीं, किन्तु रामलुभाया किसी तृप्त बैल की मुस्कान अपने चेहरे पर चिपकाये, फाटक से चमगादड़ सरीखे टँगे थे।

"क्या बात है रामलुभायाजी?" मैंने अपने चेहरे का शोक बहाल रखा... रामलुभाया नर-पुंगव है कि स्थित-प्रज्ञ व्यक्ति के समान सारा दुख झेलकर भी मुस्करा रहा है, किन्तु मैं तो संवेदना प्रकट करने आया हूँ, मुझे तो दुखी भी दिखायी पड़ना चाहिए।

"कुछ नहीं।" वह बोला, "बच्चे जरा एंजाय कर रहे हैं।"

मैं अवाक् रह गया : यदि वे ऐसे एंजाय करते हैं, तो पीड़ा किस प्रकार प्रकट करते होंगे?

"कुछ लड़कियाँ सहायता के लिए चिल्ला रही हैं।" मैंने कहा, "क्या भीतर उनके साथ कोई अत्याचार हो रहा है?"

"नहीं! नहीं!" रामलुभाया गम्भीर हो गया, "कोई अत्याचार नहीं हो रहा। बस, कुछ लड़के-लड़कियाँ एकत्रित हैं।"

"ये लड़के क्या बहुत उजड्ड हैं?" मैंने पूछा।

"अरे नहीं!" उसने बताया, "वे सब यूनिवर्सिटी के स्टूडेंट हैं। यू नो! क्रीम ऑफ सोसायटी।"

"क्या मिलकर पागल हो गये हैं?"

'अरे नहीं भाई!" रामलुभाया ने झल्लाकर कहा, "पार्टी है।"

"कौन-सी—गुंडा पार्टी?"

"नहीं!" वह बोला, "सब बेबी के मित्र हैं।"

"तुम बेबी को मना नहीं करते कि वह इतनी बुरी संगति में न रहे?"

"अरे नहीं! बेबी नाराज हो जायेगी।"

"तुम उसके बाप हो या वह तुम्हारी माँ है?" मैंने कुछ डपटकर पूछा, "नाराज तुम्हें होना चाहिए, या उसे?"

कहते हैं न कि केंचुआ भी दबने पर काटने का प्रयत्न करता है—कुछ वैसा ही रामलुभाया ने किया। उसने क्रुद्ध दृष्टि से मुझे देखा और आवाज को कठोर करने का प्रयत्न करता हुआ बोला, "तुम्हें मेरे घरेलू मामलों में हस्तक्षेप करने का अधिकार किसने दिया?"

जो व्यक्ति दफ्तर जाने के लिए अपनी पत्नी से बस का किराया प्राप्त करने के लिए रोज मुहल्लेवालों की पंचायत करता था, वह आज अपने घरेलू सम्बन्धों को गोपनीय बता रहा था। उसकी इस पाखंडपूर्ण वीरता पर मुझे क्रोध आ गया। बोला, "तुम्हारे घरेलू मामलों में हस्तक्षेप की कोई इच्छा नहीं है मेरी। मैं तो यह पूछने आया था कि तुम मुहल्लेवालों की शान्ति क्यों भंग कर रहे हो?"

"मैं अपने घर के भीतर कुछ भी करूँ, किसी को क्या अधिकार है कुछ कहने का?" उसने बिफरकर पूछा।

"घर के भीतर तुम जो भी लुच्चापन करना चाहो, करो।" मैंने स्थिर स्वर में कहा, "किन्तु जब तुम्हारे घर का यह भयावह शोर हमारे घरों में प्रदूषण फैलायेगा तो हमें उसे रोकने का पूरा अधिकार है।"

"है। पूरा अधिकार है।" उसने जैसे मुझे मुँह चिढ़ाया, "नयी पीढ़ी का विकास रोकने का प्रयत्न करके तो देखो, तुम्हें राष्ट्र कभी माफ नहीं करेगा।"

मैंने चकित दृष्टि से रामलुभाया को देखा : गीदड़ों के समान झुंड में हुआँ-हुआँ चिल्लाने को यह नयी पीढ़ी का विकास मान रहा था, तो नयी पीढ़ी का पतन क्या होगा?

"कौन माफ नहीं करेगा?" मैंने पूछा।

"राष्ट्र!" उसने छाती ठोंककर कहा।

"राष्ट्र माने कौन?"

"मेरी बेबी और उसके ये मित्र!" मैं चिन्ताग्रस्त हो गया। मैं तो अपने राष्ट्र के विकास को बहुत ध्यान से देख रहा था, किन्तु यह तो मुझे पता ही नहीं लगा कि मेरे राष्ट्र का स्वरूप इतना विकृत कब हो गया कि समाज की शान्ति पर अपने निर्लज्ज चीत्कारों को आरोपित करनेवाले, व्यक्ति-सुख के वीभत्स सिद्धान्तों की अफीम खानेवाले ये अविवेकी लोग राष्ट्र की नयी पीढ़ी के प्रतिनिधि हो गये हैं।

समिति

मैं कुछ मित्रों से इसलिए पीड़ित रहता था क्योंकि वे सदा यात्राएँ करते रहते थे। मेरी समझ में यह नहीं आता था कि वे कैसे इतनी यात्राएँ कर लेते हैं, जबकि भारतीय रेल इतनी महँगी है। रेल तो क्या वे विमानों पर भी यात्राएँ करते थे और उनको पैसे के हाथों कभी तंग होते नहीं देखा। बाद में किसी ने बताया कि वे कौन-सा अपनी जेब में से खर्च करते हैं। वे तो रेलवे की एक समिति के सदस्य थे। रेलवालों ने उनको पास दे रखा था। बस उसी पास के भरोसे आकाश-पाताल तो नहीं किन्तु उत्तर-दक्षिण अवश्य एक कर रखा था। (यह एक मुहावरामात्र है। राष्ट्रीय एकता से इसका कोई सम्बन्ध नहीं है।)

एक समारोह में मुझे एक अधिकारी से मिलाया गया। पता चला कि वे ही उस समिति के मन्त्री थे, जिसके सदस्य सदा यात्रा ही करते रहते थे। मैं स्वयं को संयत नहीं रख सका और मेरा लोभ मेरी वाणी में उतर आया।

"आपने मुझे तो कभी अपनी समिति में नहीं लिया।" मैं बोला।

मैं जो नहीं बोला, वे उसे भी समझ गये थे। मैं अपनी योग्यता का प्रचार और उनके पक्षपात की शिकायत कर रहा था।

वे एक क्षण को तो हत्प्रभ रह गये। ऐसी बात पहले कभी किसी ने उनके मुख पर कही नहीं होगी। पर मैंने सत्य कहा था। वे भी सत्य बोलने पर आ गये।

कुछ तीखे होकर बोले, "आपने कभी दो-चार सांसदों से लिखवाकर अपने विषय में भिजवाया? आपने कभी किसी मन्त्री से संस्तुति करवायी?"

इस बार हत्प्रभ होने की बारी मेरी थी। वह मैं हो गया।

हाँ! मैंने यह कभी नहीं किया था। मैं तो आज तक उस समिति की सदस्यता को सम्मानजनक मान रहा था। वह यदि इस प्रकार एड़ियाँ रगड़कर, याचना कर, जूते घिस-घिसकर अपमानजनक ढंग से मिलती है तो उसका मुझे क्या करना। मैं चुप रह गया।

पर फिर ऊपर कुछ परिवर्तन हो गया। ग्रह नक्षत्रों में भी हुआ होगा, किन्तु मेरा तात्पर्य तो अधिकारियों से है। किसी शुभचिन्तक ने मेरा नाम भी दे दिया। मुझे मन्त्रालय से पत्र आ गया कि मैं उस समिति में मनोनीत किया गया हूँ।

मैं अपनी प्रसन्नता सँभाल नहीं सका। तत्काल एक मित्र को फोन किया, "अब मैं भी एक समिति में आ गया हूँ।".

"बधाई हो।" वे बोले।

"इससे मुझे क्या अधिकार प्राप्त हो गये?" मैंने पूछा।

"पहली बैठक हो जाने दो। अपने-आप ही पता चल जायेगा।"

मैं पहली बैठक की प्रतीक्षा करने लगा।

एक दीर्घकालीन सन्नाटे के पश्चात् एक पत्र आया। बड़े भारी लिफाफे में। फिर तो इतने नियमित रूप से मन्त्रालय से पत्र आने लगे कि डाकिया भी उन पत्रों के सरकारी चिह्न को पहचानने लगा। मैं सदस्य मनोनीत हो गया था। उसकी सूचना सब ओर दे दी गयी थी। पहली बैठक होनेवाली थी। उसके विचारणीय विषयों की सूची भी आ गयी थी। पिछली बैठक का विवरण भी आ गया। उस पर विचार कर लेना उपयोगी था, नहीं तो बैठक में मत देने में असुविधा होती।

फिर यह सूचना भी आयी कि अगली बैठक होनेवाली है, मैं अपने आपको खाली रखूँ। बैठक की तिथि और स्थान बाद में बताये जानेवाले थे। मैं सोचता रह गया कि मैं कब तक स्वयं को खाली रखूँ। कोई अवधि तो थी नहीं।

दो सप्ताह के पश्चात् एक पत्र और आ गया। बैठक की तिथि आ गयी थी, किन्तु स्थान की सूचना बाद में आनेवाली थी। मैंने स्वयं को उस दिन खाली रखा, जाने कहाँ जाना पड़े और कितनी देर लगे।

बैठक को दो दिन शेष थे और मैं बहुत उत्तेजित था। दो दिनों बाद मुझे ज्ञात होनेवाला था कि उस समिति के सदस्य के नाते मुझे क्या-क्या अधिकार मिलनेवाले थे। सम्भव है, उसके पश्चात् मुझे रेलवे का पास या फिर विमान यात्रा का अधिकार मिल जाये। जाने नया फोन मिल जाये। सम्भव है कि कुछ ऐसे अधिकार मिल जायें, जिनसे मैं अपना स्वार्थ साध सकूँ और मित्रों पर रौब जमा सकूँ।

पर अगले दिन सन्देशवाहक के हाथों जो पत्र आया, उसमें सूचना थी कि वह बैठक स्थगित कर दी गयी है। बैठक के होने की सूचना अगले कुछ दिनों में दी जायेगी।

अगली बैठक की सूचना आने से पहले एक सूचना और आयी कि उसके पदाधिकारी बदल दिये गये हैं किन्तु मैं अभी उसका सदस्य था। बैठक निकट भविष्य में होनेवाली थी।

आज सूचना आ गयी है कि निकट भविष्य में होनेवाली वह बैठक अभी नहीं हो रही है। वह स्थगित हुई है, निरस्त नहीं हुई है। कब हो रही है, इसकी सूचना शीघ्र ही दी जानेवाली थी।

मैं मन्दिर जा रहा हूँ। वहाँ प्रसाद चढ़ाऊँगा और भगवान से प्रार्थना करूँगा कि हे प्रभु! इससे पहले कि यह सूचना आये कि उस समिति की अवधि समाप्त हो गयी है, उसकी एक बैठक तो हो ही जाये, ताकि मैं जान सकूँ कि उस समिति के सदस्य के रूप में मुझे क्या अधिकार प्राप्त थे।

शेखचिल्ली

पत्नी के साथ बहुत सारा दंगा-फसाद कर लेने के पश्चात् शेखचिल्ली के मन ने शान्ति का आह्वान सुना। उसे लगा कि वह इस झगड़े को जड़ से ही समाप्त कर देगा। जब से उसे बुद्धिविभ्रम का दौरा पड़ा था, तब से वह मानने लगा था कि वह संसार के महान् चिन्तकों में से है। अतः मानवता की सारी समस्याओं का समाधान केवल वह ही कर सकता है। समाधान की केवल एक ही शैली हो सकती है और उस शैली का जन्मदाता वह ही है।

"आओ, इन झगड़ों को समाप्त कर दें।" उसने कहा, "मेरे मन में उसके लिए एक बहुत अच्छा-सा समाधान आया है।"

"तुम्हारे विकृत मस्तिष्क में केवल विनाश के विचार आ सकते हैं।" पत्नी ने कहा, "सुख-शान्ति की कोई बात तुम्हें सूझ ही नहीं सकती।"

"नहीं। इस बार मैं सारे झगड़ों को जड़ से ही समाप्त कर दूँगा।"

"शराब पीनी छोड़ दोगे?"

"नहीं! वह नहीं।"

"स्त्री के लिए लार टपकाना छोड़ दोगे?"

"वह नहीं कह रहा।"

"पैसे के लिए पाखंड करना और लोगों को ठगना छोड़ दोगे?"

"मैं वह नहीं कह रहा।"

"तो क्या कह रहे हो? अपना सिर!"

"मैं कह रहा था कि हमारे झगड़ों की जड़ हमारा इतिहास है। हम अपना इतिहास भुला दें। अपना नया जीवन आज से शुरू करें।"

"तुम्हारा इतिहास भुलाने योग्य ही है। लोभ, पाखंड और व्यभिचार का इतिहास भुला ही दिया जाये तो अच्छा है।" पत्नी ने कहा, "पर मेरे इतिहास को क्या हुआ है?"

"तुम्हारा इतिहास तुम्हें स्मरण कराता है कि मैंने तुम्हें सदा परेशान किया है।" शेखचिल्ली बोला, "उससे तुम मेरे प्रति सतर्क हो जाती हो तो मैं तुम्हें ठगने के अधिक अवसर नहीं पाता।"

"मैंने तो पढ़ा है कि लोग अपनी समस्याओं का समाधान करने के लिए अपनी जड़ों तक जाते हैं। अपने इतिहास को ढूँढ़ते हैं और तुम इतिहास भुलाना चाहते हो।"

"हाँ! हम अपना इतिहास भुला देंगे।" शेखचिल्ली ने कहा, "हमारा इतिहास आज से आरम्भ होता है। इससे पहले हम थे ही नहीं। हमारा कोई सम्बन्ध नहीं था, न अच्छा न बुरा।"

"ठीक है।" पत्नी बोली, "हमने पिछला सब कुछ जला दिया। अब बताओ, तुम कौन हो? हमारा परस्पर क्या सम्बन्ध है? मैं तुम्हारी कौन हूँ?"

"कमाल है।" शेखचिल्ली बोला, "तुम मेरी पत्नी हो।"

"हमारा विवाह तो हुआ ही नहीं। मैं तुम्हारी पत्नी कहाँ से हो गयी?" पत्नी ने कहा।

"अरे हमारे विवाह को चालीस वर्ष हो गये हैं।" वह चिल्लाया।

"हमारा तो इतिहास ही आज से आरम्भ हो रहा है।" पत्नी ने कहा, "चालीस वर्षों को तो हमने भुला दिया है। आज तो हमारा विवाह हुआ नहीं, तो मैं तुम्हारी पत्नी कहाँ से हुई।"

"चलो तुम मेरी पत्नी नहीं। तुम एक स्त्री हो और मैं एक पुरुष। हममें स्त्री-पुरुष का सम्बन्ध तो हो सकता है न।" शेखचिल्ली ने उसे बाँहों में लेना चाहा।

पत्नी ने धक्का मारकर उसे परे गिरा दिया, "सावधान। मुझे हाथ लगाया तो हड्डियाँ तोड़ दूँगी।"

"हम एक-दूसरे से प्रेम करते हैं।"

"हमारा तो इतिहास ही आज से आरम्भ हुआ है।" पत्नी बोली, "प्रेम भी होगा तो आज से ही होगा। और तुम्हारे जैसे गलीज आदमी से कौन स्त्री प्रेम करेगी। भाग जाओ यहाँ से।" सहसा वह रुकी, "पिछला सब कुछ भुला दिया। अपने बाप का नाम भी भूल गये होगे। वह भी तो इतिहास ही है। अपने बाप के नाम के स्थान पर किसका नाम लिखाओगे?"

शेखचिल्ली समझ नहीं पाया कि उसकी पत्नी उसको गाली दे रही है। बोला, "सोचता हूँ पार्टी के किसी नेता को अपना बाप मान लूँ। उससे राजनीतिक लाभ भी होगा। और..."

"पहले अपनी माँ से तो पूछ लो।" पत्नी ने कहा, "अच्छा! अब निकलो यहाँ से। अपने घर जाओ।"

"पर मेरा घर तो यही है।"

"प्रश्न ही नहीं उठता।" पत्नी बोली, "मैं यहाँ पैंतीस वर्षों से रह रही हूँ।

तुम्हारा तो इतिहास ही आज से आरम्भ हो रहा है। इसका अर्थ है कि तुम यहाँ नहीं रहते थे। तुम थे ही नहीं तो रहते कैसे। जाओ। जो मकान आज बना हो, उसमें रहो।"

पत्नी ने उसे बाहर धकियाकर कपाट बन्द कर लिये।

शेखचिल्ली क्रुद्ध हुआ किन्तु क्या कर सकता था। क्या जानता था कि झगड़े के समाधान की ओट में उसकी पत्नी उससे मुक्ति पा लेगी। सोचा, पुत्र के पास चला जाये। पर वहाँ पुत्रवधू थी, जो पहले से ही अपना इतिहास त्याग कर एक नया जीवन आरम्भ कर चुकी थी। वह उसे अपने घर की देहली भी नहीं लाँघने देगी। तो कहाँ जाये? माँ के पास चले? एक वही है, जो इतिहास नहीं भुलाती। पुराने सम्बन्धों को अपने वक्ष से लगाये, वह उसके चरित्र के सारे दोष भुलाकर उसे अपने आँचल में छुपा लेने को आतुर रहती है। वह उसकी माँ थी, क्योंकि उसका इतिहास था। उसने वर्षों पूर्व उसे जन्म दिया था। उसी ने उसे पाला था। वही था जो उसे भुलाकर नये-नये सम्बन्ध बनाने का प्रयत्न करता रहा था। पर माँ उस जैसे कृतघ्न को भी अपने कंठ से लगा लेगी।

टाई

साक्षात्कार समाप्त हो गया तो मैंने बड़ी उत्सुकता से रामलुभाया के सामने रखे गये कागज पर दृष्टि डाली। मैं दे ब्रना चाहता था कि जिस लड़के को मैंने सबसे अधिक योग्य पाया था, रामलुभाया ने भी उसी को सबसे अधिक अंक दिये था या नहीं?

मुझे अपनी आँखों पर विश्वास नहीं हुआ। रामलुभाया ने उस लड़के को सबसे कम अंक दिये थे।

"तुमने इस लड़के को नहीं चुना?" मैंने रामलुभाया को डाँटने से पहले अपने सन्देह की पुष्टि कर लेनी चाही।

"नहीं!" उसने बहुत सहज भाव से कहा।

"क्यों?" मेरा स्वर कुछ ऊँचा उठ गया, "वह सबसे अधिक योग्य है। उसने तुम्हारे सारे प्रश्नों के उत्तर ठीक-ठीक दिये हैं। उसने सामूहिक चर्चा में सबसे अच्छी बातें कही हैं। उसकी भाषा सबसे अच्छी है। उसके तर्क सबसे सबल हैं। उसका उच्चारण सबसे शुद्ध है और उसकी शैली सबसे मोहक है।"

"ठीक कहते हो।" उसने उसी प्रकार शान्त स्वर में कहा।

"तो फिर उसी को चुना जाना चाहिए था और तुमने उसे पहले ही चक्र में बाहर कर दिया है। क्यों?"

"क्योंकि वह सबसे खतरनाक है। ऐसे लोग खतरनाक होते ही हैं।"

"तुम यह कैसे कह सकते हो?"

"उसने टाई नहीं बाँध रखी थी।" रामलुभाया ने उत्तर दिया।

"तुम यहाँ एक प्रशासक का चुनाव करने बैठे थे या टाइयाँ बेचने?" मैंने चिढ़कर कहा, "इस नौकरी से टाई बाँधने न बाँधने का क्या सम्बन्ध?"

"क्यों? सम्बन्ध क्यों नहीं?" रामलुभाया बोला, "तुम्हें इसमें विद्रोह की गन्ध नहीं आती?"

"विद्रोह? कैसा विद्रोह?" मैंने कहा, "वह लड़का तो इतना शिष्ट और शालीन था। विद्रोह तो उसके आसपास ही नहीं फटकता।"

"मूर्ख हो तुम।" रामलुभाया बोला, "आज उसने टाई नहीं बाँधी है, कल

वह पतलून पहनने से इंकार कर देगा। धोती बाँधकर आने लगेगा, कार्यालय में।"

"तो? उससे प्रशासन में कोई कमी आ जायेगी?" मैंने पूछा, "भारत में यदि कोई पुरुष धोती बाँधकर कार्यालय में आता है तो क्या बुराई है। सारे विश्व में लोग कार्यालयों में अपने राष्ट्रीय परिधान में आते हैं। उसके धोती बाँधकर आने से क्या हो जायेगा?"

"क्या हो जायेगा?" रामलुभाया के चेहरे पर असन्तोष झलका, "फिर वह छुरी-काँटे से न खाकर अपने हाथ से खाना खायेगा और मेज पर दाल-चावल बिखेरेगा।"

"तो क्या हो जायेगा?" मैंने पूछा, "तुम्हें उसकी मेज साफ नहीं करनी पड़ेगी। उसे नौकर साफ करेगा। तुम्हारी क्या हानि हो जायेगी?"

"फिर वह अंग्रेजी के स्थान पर हिन्दी बोलने की हठ करेगा।" रामलुभाया बोला, "भारत में बच्चों को शिक्षा उनकी मातृभाषा में दी जाये–ऐसी माँग करेगा।"

"तो उसमें अनुचित ही क्या है?" मैंने कहा, "प्रत्येक देश अपनी भाषा में शिक्षा देता है।"

"गधे हो तुम।" रामलुभाया ने कहा, "ऐसा व्यक्ति रामनवमी के दिन अपने घर में न तो केक काटकर हैप्पी बर्थडे टू यू श्रीराम गायेगा और न ही मैरी क्रिसमस और हैप्पी न्यूइयर के कार्ड भेजेगा, और न ही 31 दिसम्बर की रात को शराब पीकर दंगा करेगा।"

"तो इन सबसे इस नौकरी का क्या सम्बन्ध?" मैंने चिल्लाकर कहा।

"सचमुच नहीं समझते?" रामलुभाया ने पहली बार कुछ हताश होकर मेरी ओर देखा।

"नहीं।" मैंने कहा।

"अरे यार, वह दिनों को संडे-मंडे न कहकर सोम और मंगल कहेगा। जनवरी-फरवरी को छोड़कर चैत्र बैसाख की बात करेगा। रेड और येलो न कहकर लाल-पीला कहेगा। मौम और डैड न कहकर माताजी और पिताजी कहेगा। घर में क्रिसेन्थमम और पेंजी न लगाकर तुलसी का बिरवा लगाना चाहेगा।" उसने मेरी ओर देखा, "यह सब हम कैसे सहन कर सकते हैं।"

"क्यों क्या कष्ट है तुमको इसमें?" मैंने उसे डाँटा, "कोई आदमी अपने देश और समाज के अनुरूप रहना चाहता है तो तुम्हारे पेट में शूल क्यों उठता है?"

"यदि वह अपने ढंग से रहता है, अपनी भाषा बोलता है, अपने पेड़-पौधे, अपने पर्व-त्यौहारों से जुड़ा रहता है, चाकलेट के स्थान पर बर्फी खाता है, केक के स्थान पर हलवा पसन्द करता है–तो वह गीता और रामायण कैसे छोड़ देगा?" रामलुभाया लगभग रो ही पड़ा।

"तो उससे क्या होगा?" मैंने कहा, "तुम उससे गीता और रामायण छुड़वाना ही क्यों चाहते हो?"

"बाजार में शकंजवी और लस्सी ही चलती रही तो विह्स्की और कोक कैसे बिकेगी? गीता और रामायण ही पढ़ी जाती रही तो वह पाश्चात्य रंग में कैसे रँगा जायेगा, ईसाई कैसे बनेगा? वह न तो विदेशी व्यापार को जमने देगा, न विदेशी संस्कृति को और न ही विदेशी धर्म को।"

"तो तुम इस देश को एक साथ ही राजनीतिक, सांस्कृतिक और आर्थिक दृष्टि से दास बना देना चाहते हो?" मैंने कहा।

"अब यह सब अलग-अलग तो नहीं हो सकता न। होगा तो सब कुछ एक साथ ही होगा। यह तो एक प्रकार का पैकेज डील है।" वह मुस्करा रहा था।

"पर उससे तुम्हें क्या लाभ होगा?" मैं एक प्रकार से रो पड़ा।

"नहीं तो ये विदेशी संस्थाएँ मुझे लाखों रुपये प्रतिमास क्यों देंगी?" उसने मुझ पर एक विजय भरी मुस्कान डाली।

विश्वबन्धुत्व

मैं बहुत प्रसन्न था, इस देश में धार्मिक कट्टरता कम होती जा रही थी। सबको समझ में आने लगा था कि अपने-अपने सम्प्रदायों के द्वार अन्य सम्प्रदायों के लोगों के लिए भी खोल दिये जाने चाहिए। हम सब भाई बनकर ही क्यों न रहें। शत्रुता और संकीर्णता का क्या लाभ था।

रामलुभाया प्रातः से ही मेरे घर आया बैठा था। बैठा नहीं था, डटा हुआ था। वह मुझसे भी अधिक प्रसन्न था। मुझे बार-बार बता रहा था कि किस मेले में हिन्दू मुसलमान इकट्ठे होकर नाचते हैं। किस मजार पर हिन्दू भी जाकर चादर चढ़ाते हैं। जब किसी स्थान की मान्यता बढ़ जाती है तो सब ही सम्प्रदायों के लोग वहाँ आने लगते हैं। क्रिसमस तो सारे ही हिन्दू भी मनाने लगे हैं। दिल्ली के सारे बाज़ार क्रिसमस के लिए सजते हैं। कनॉट प्लेस के सारे भोजनालय सजते हैं। खाना महँगा हो जाता है, तो भी लोग खाते हैं, शराब पीते हैं और नाचते हैं। सांटा क्लॉज सारे बाजारों में घूमता है और भोजनालयों के बाहर तो अवश्य ही खड़ा मिलता है।

रामलुभाया को भय था कि कहीं मैं रविवार की छुट्टी मनाने न बैठ जाऊँ। एक बार मेरा मन कुछ शिथिल हुआ तो फिर मैं बाहर जाने का विचार ही त्याग दूँगा। ऐसा वह किसी भी मूल्य पर नहीं होने दे सकता था। आजकल उसकी साथ के मुहल्ले के पादरी से बहुत पट रही थी। उसी पादरी ने उसे समझाया था कि उसका धर्म विश्वबन्धुत्व का प्रचार करता है। कोई भी उनके गिरजे में जा सकता है। इस रविवार को तो वे लोग ईसा मसीह की छत्रछाया में विश्वमैत्री का सन्देश देनेवाले हैं। उसी के आग्रह पर रामलुभाया मेरे पीछे पड़ गया था कि रविवार को मुझे भी गिरजे में जाना चाहिए, ताकि पादरी यह शिकायत न कर सके कि उनके विश्वमैत्री के प्रस्ताव का हमने समर्थन नहीं किया।

मैं उसके साथ गिरजे में गया। ईसा मसीह के सामने भक्तिपूर्वक सिर नवाया। वहाँ की प्रार्थना सुनी। पादरी का उपदेश सुना। पादरी ने बड़े स्पष्ट

शब्दों में कहा कि विश्व में सच्चा धर्म तो एक ही है। ईसा की शरण में जाने से ही मनुष्य की मुक्ति हो सकती है। और कोई मार्ग नहीं है।

मैंने रामलुभाया से पूछा, "इस वक्तव्य के पश्चात् भी तुम कहोगे कि यह विश्वबन्धुत्व का सन्देश है? क्या यह सीधा-सीधा अपने सम्प्रदाय का प्रचार नहीं है?"

उसने मुझे बहुत घृणा से देखा, "तुम बहुत बन्द मस्तिष्क के आदमी हो। आओ, तुम्हें पादरी से मिलाऊँ। देखो वह कितना भला आदमी है। तुमने हिन्दी फिल्मों में देखा नहीं, पादरी लोग कितने स्नेही होते हैं। जो माँ बच्चे को त्यागती है, वह गिरजे की सीढ़ी पर ही त्यागती है और गिरजे का पादरी ही उसको पालता है। जो स्त्री घर से निकाली जाती है वह किसी ईसाई साध्वी की ही शरण में जाती है। उसे ईसाई मठों में ही आश्रय मिलता है। हिन्दू साधु तो ढोंगी होते हैं।"

"यदि हिन्दी फिल्मों से ही निष्कर्ष निकालने हों तो सारे बड़े-बड़े अपराधी महान् हैं। हमारा सारा समाज लुच्चो, शराबियों और अपराधियों का समाज है। सारी लड़कियाँ परले दरजे की निर्लज्ज हैं। जो पिता अपने बच्चों को मर्यादा का उपदेश देता है, वह उपहास का पात्र है और नायक नामक जन्तु, जो लड़की के घर में घुसकर उसके पिता को गालियाँ देता है और लड़की को बलात् ले जाता है, वह समाज का आदर्श है।"

"नहीं! ऐसा तो नहीं है।" रामलुभाया बोला।

"नहीं! ऐसा ही है।" मैंने कहा, "यदि हमारे शासकों को अपने देश और समाज की तनिक भी चिन्ता होती तो अपराधियों के पैसों से बननेवाली, अपराधियों को गौरवान्वित करनेवाली और समाज में अपराध का प्रचार करनेवाली इन फिल्मों में आग लगवा देते।"

"अच्छा फिल्मों को छोड़ो।" वह बोला, "जिसके पीछे पड़ जाते हो, उसका कचूमर ही निकाल देते हो। हम यहाँ पादरी से मिलने आये हैं। विश्वबन्धुत्व को ग्रहण करने आये हैं।"

उसने मुझे कुछ कहने का अवसर ही नहीं दिया। घसीटता हुआ पादरी के पास ले गया। पादरी भी मुझे देखकर बहुत प्रसन्न हुआ।

"यह बहुत अच्छा किया कि आप आ गये। अगले सप्ताह भी आइयेगा।" वह बहुत मधुर ढंग से मुस्कराया, "हम गरीब बच्चों के लिए एक कोश एकत्रित कर रहे हैं, उसके लिए कुछ दान भी देते जाइयेगा।"

"उस कोश का क्या होगा?" मैंने पूछा।

"एक अनाथालय बनाने की योजना है।" वह बोला, "उसमें बच्चों को सच्चे धर्म की छाया में लाया जायेगा। उन्हें ईसा के उपदेशों के अनुसार पाला जायेगा।"

"वे बच्चे पहले ईसाई थे या पहले अनाथ थे?" मैंने पूछा।

"उससे क्या अन्तर पड़ता है।" वह मुस्कराया, "अन्ततः तो सबको ही सच्चे धर्म की छाया में आना है।"

रामलुभाया ने मुझे कोहनी मारी, "क्या गड़बड़ कर रहे हो। हम विश्वबन्धुत्व में सहयोग देने आये हैं, पादरी को नाराज करने नहीं।"

मैं जानता था कि पादरी के रोष से रामलुभाया बहुत डरता है। सारा देश ही डरता है। एक स्थानीय झगड़े को, अन्तर्राष्ट्रीय घटना बना देने की क्षमता है उनमें।

"अगले सप्ताह जन्माष्टमी है।" मैंने कहा, "हम चाहेंगे कि उस दिन मन्दिर में भगवद्गीता पर थोड़ी चर्चा हो। हमारे स्वामीजी बतायेंगे कि वेदान्त कैसे सारे संसार को एक सत्ता के रूप में देखता है। वैश्वानर-विश्वरूपी नर का विचार हमारे यहाँ सहस्राब्दियों पुराना है। आप आइयेगा। अपने साथ अपने कुछ मित्रों को भी लाइयेगा।"

"नहीं! हमारा आना सम्भव नहीं होगा।" पादरी ने बहुत स्पष्ट शब्दों में कहा।

"क्यों?" मैं चकित था।

"यदि मैं मन्दिर में आया तो आप चाहेंगे कि मैं कृष्ण की मूर्ति के सम्मुख सिर भी झुकाऊँ। हमारा धर्म इसकी अनुमति नहीं देता।"

"क्यों? मुझे तो महात्मा ईसा को नमस्कार करने में कोई कठिनाई नहीं हुई।"

"आप कर सकते हैं, हम नहीं कर सकते।"

"तो आप विश्वबन्धुत्व कैसे लायेंगे?" मैंने कहा, "हमें चर्च में बुलाकर? विश्वबन्धुत्व का प्रचार मन्दिर में क्यों नहीं हो सकता? अच्छा चलिये, आप कृष्ण के सम्मुख सिर मत झुकाइयेगा। आपके सिर झुकाने से कृष्ण को कोई उपलब्धि नहीं होनेवाली है। आप भजन-कीर्तन और प्रवचन सुन लीजियेगा।"

"अरे नहीं।" वह बोला, "देखिये, आपसे स्पष्ट ही कह दूँ। मैं ईसा के अनुयायियों को लेकर मन्दिर में आऊँगा तो उनके पुराने संस्कार जाग उठेंगे।

उनकी अपने पुराने धर्म के प्रति ममता जाग उठेगी और वे फिर से हिन्दू उपासना पद्धति को अपनाना चाहेंगे। आखिर तो हमने उन्हें हिन्दू से ही ईसाई बनाया है।"

"आपकी मजबूरी तो बड़ी महत्त्वपूर्ण है। पर विश्वबन्धुत्व का रास्ता क्या है?" मैंने पूछा।

"देखिये वह तो एकतरफा मार्ग है। जो हिन्दू है, वह ईसाई हो सकता है, पर ईसाई चाहे भी तो हम उसे हिन्दू नहीं होने देंगे। हम उसका विरोध करेंगे।" पादरी ने कहा, "आपको विश्वबन्धुत्व स्थापित करना है तो आप चर्च में आ जाइये। हम मन्दिर में नहीं आयेंगे। हमारा विश्वबन्धुत्व तो ईसा की छत्रछाया में ही हो सकता है।"

भेदभाव

मेरा लिखा हुआ कागज अपने हाथ में लेकर रामलुभाया ने अपने नाम के पहले लिखा हुआ 'श्री' काट दिया और अपने हाथ से लिखा, 'मिस्टर'।

"यह क्या रामलुभाया!" मैंने कहा, "तुम श्री क्यों नहीं हो?"

"क्योंकि मैं अब हिन्दू नहीं हूँ।" वह बोला, "मैं ईसाई हो गया हूँ। और एक ईसाई श्री नहीं हो सकता। वह मिस्टर ही हो सकता है।"

मैं चकित भाव से उसकी ओर देखता रहा, "पर तुम ईसाई क्यों हो गये हो?"

"हिन्दुओं में जाति पाँति का बहुत भेद है। मैं इस भेदभाव को मिटाना चाहता हूँ। मैं अपने समाज में समानता के आधार पर जीना चाहता हूँ।" उसने कहा, "ईसा के अनुयायियों में ऐसा कोई भेदभाव नहीं है।"

"तुम भेदभाव रहित समाज में प्रवेश कर गये हो।" मैंने कहा।

"एकदम।" वह गर्व से बोला, "अब मैं जाति-पाँति और ऊँच-नीच के भेदभाव को एकदम मिटा दूँगा। संसार में न कोई मुझसे छोटा है, न मैं किसी से छोटा हूँ।"

सन्ध्या समय मैं उसके घर गया तो वह घर पर नहीं था। पता चला कि कॉलेज परिसर में बने हुए गिरजा में गया है। मुझे फिर आश्चर्य हुआ। जब तक वह हिन्दू था, मेरे आग्रह पर भी कभी मन्दिर नहीं गया। कहता था कि उसका कर्मकांड में विश्वास नहीं था।

उसकी पत्नी ने एक अच्छी गृहस्थन के समान मुझे आदरपूर्वक बैठाया और चाय पिलायी। मैंने उससे रामलुभाया के ईसाई हो जाने की चर्चा की तो वह कुछ खुली, "भाई साहब, अब आप से क्या छिपायें। कुछ तंगी तो थी, पर ऐसी भी कोई आफत नहीं आयी थी कि हम अपना धर्म त्याग देते। पर क्या करें?"

"क्या मतलब?"

"इनके कॉलेज में प्रिंसिपल की जगह खाली है। आप जानते ही हैं कि

इनके यहाँ का नियम है कि प्रिंसिपल तो कोई ईसाई ही हो सकता है। इनको किसी ने कह दिया कि तुम ईसाई हो जाओ तो प्रिंसिपल बना दिये जाओगे। बस इनको तो जैसे धुन ही सवार हो गयी। मुझसे कहने लगे कि मैं लेक्चरर के रूप में नहीं मरना चाहता। प्रिंसिपल बने बिना मुझे चैन नहीं आयेगा। बस ईसाई हो गये।"

"पर वह तो कह रहा था कि हिन्दुओं में जाति-पाँति बहुत है।" मैंने चकित होकर पूछा।

"हाँ! है न। हम गूजर हैं। अहीरों के घर न लड़की देते हैं, न उनकी लड़की लेते हैं। दूसरी जात के हाथ का पका नहीं खाते, चाहे वह ब्राह्मण ही क्यों न हो।" उसने कहा, "हम अपने धर्म के पक्के हैं।"

"अब क्या होगा?" मैंने पूछा।

"अब प्रिंसिपल बनना है।" उसने बताया, "लड़की देने या लेने का मामला थोड़ी है। यदि वह स्थिति आयी भी तो कोई गूजर ईसाई ढूँढ़ेंगे।"

मैं उठकर चला आया।

मैं सुनता रहा कि अपने समाज में रामलुभाया काफी सक्रिय है। वह नेता बनता जा रहा है। उसका महत्त्व बढ़ता जा रहा है। उसका अपने कॉलेज का अगला प्रिंसिपल बनना लगभग निश्चित हो गया था।

पिछले सप्ताह दिल्ली में ईसाई पादरियों के नेतृत्व में रामलुभाया का दर्शन हुआ। वे लोग दलित ईसाइयों के लिए भी आरक्षण की वे ही सुविधाएँ माँग रहे थे, जो हिन्दू दलितों को मिलती थीं। उनमें आगे-आगे रामलुभाया चल रहा था। उन्होंने बड़े-बड़े पताका उठा रखे थे। लिखा था, "धर्म के आधार पर कोई भेदभाव नहीं होना चाहिए।"

मेरा मन आह्लादित हो उठा। कहीं से तो समानता का स्वर उठा। मैंने रामलुभाया को बधाई देनी चाही। पर रामलुभाया ने जैसे मुझे पहचाना ही नहीं।

सन्ध्या समय मैं उसके घर पर चला गया। वह अपना घर छोड़कर भाग नहीं सका। इसलिए उसे मुझको पहचानना भी पड़ा और बैठाना भी पड़ा।

"कहो रामलुभाया! कैसे हो?"

"अच्छा हूँ।" वह बोला, "क्या करने आये हो?"

"पूछने आया हूँ कि ईसाइयों में जाति भेद होता है या नहीं?" मैंने कहा।

"नहीं होता।"

"तो फिर दलित ईसाई कहाँ से आ गये?" मैंने पूछा।

"वे तो हिन्दू दलित हैं, जो अब ईसाई हो गये।" उसने कहा।

"ईसाई होकर भी वे दलित ही हैं?"

"दलित तो दलित ही रहेंगे।" वह बोला, "वे कुछ और कैसे हो जायेंगे?"

"तो फिर तुम हिन्दू ही रहो। यदि दलित ही हो तो फिर ईसाई बनने का क्या लाभ?"

"बेकार की बातें मत करो।" वह बोला, "हम सरकार से वे सुविधाएँ माँग रहे हैं, जो वह हिन्दुओं को देती है। यदि वे सुविधाएँ ईसाइयों को नहीं दी जायेंगी तो यह धार्मिक भेदभाव होगा। धर्म के नाम पर भेदभाव नहीं होना चाहिए। हम एक धर्मनिरपेक्ष देश में रह रहे हैं।"

"मैं तुमसे शतप्रतिशत सहमत हूँ। न जाति के नाम पर कोई भेदभाव होना चाहिए और न धर्म के नाम पर। सुना है कि हमारे संविधान में भी कुछ ऐसा ही लिखा है।"

"मैं नहीं जानता कि संविधान में क्या लिखा है..." वह बोला।

"तो फिर तुम यह कैसे जानते हो कि हम एक धर्मनिरपेक्ष देश में रह रहे हैं।"

"अपने मतलब की बातें मैं जानता हूँ।" वह बोला, "मैं जानता हूँ कि जाति के आधार पर विशेषाधिकार मिलने चाहिए, किन्तु धर्म के नाम पर नहीं।"

"मैं तो मानता हूँ कि जाति के नाम पर भी किसी को कोई विशेषाधिकार नहीं मिलना चाहिए।" मैंने कहा, "वह तुम नहीं मानते, चलो न सही। हम इतने पर ही सहमत हो जाते हैं कि धर्म के नाम पर किसी को कोई विशेषाधिकार नहीं मिलना चाहिए।"

"हाँ।" वह बोला, "तुम्हारी यह बात मैं मान सकता हूँ।"

"तो तुम्हारे कॉलेज में ईसाई प्रिंसिपल ही क्यों होना चाहिए?" मैंने पूछा, "तुम्हारे कॉलेज में ईसाई लड़कों को दूसरे धर्मावलम्बियों की तुलना में आधे अंकों पर ही प्रवेश क्यों दिया जाये?"

"ईसाई होने से पहले मैं भी यही मानता था, पर अब मैं ईसाई हो गया हूँ।" वह बोला, "अब तो मेरे ही कॉलेज में क्यों, मेरा बस चले तो प्रत्येक कॉलेज का प्रिंसिपल ईसाई ही होना चाहिए। अल्पसंख्यकों को इतनी सुविधा

तो देनी ही चाहिए। आखिर हम एक धर्मनिरपेक्ष देश में रह रहे हैं।"

"धर्म के आधार पर भेदभाव कर रहे हो।" मैंने कहा।

"हम तो करेंगे ही।" वह बोला, "सरकार को धर्म के आधार [illegible] भेदभाव नहीं करना चाहिए।"

"तो सरकार ने जो विशेषाधिकार अल्पसंख्यकों को दे रखे हैं..."

"बकवास बन्द करो।" वह बोला, "साम्प्रदायिक लोग ऐसे ही सोचते हैं।"

"अपने घर लौट आओ रामलुभाया।" मैंने कहा, "तुम धर्म की खोज में ईसाई नहीं हुए हो। लोभ के कारण उस पाली में गये हो। और जहाँ लोभ हो, वहाँ न्याय की बात कोई सोच ही कैसे सकता है?"

दायें और बायें हाथ का पता

पिता सेना से अवकाश ले किसी बड़ी अन्तर्राष्ट्रीय कम्पनी में उच्च पदाधिकारी थे। (आजकल सब ही होते हैं)। माता सुशिक्षित धर्मभीरु घरेलू महिला थीं (यह भी प्रत्येक भारतीय घरेलू स्त्री के विषय में परम सत्य है)। कन्या एक कॉलेज में लेक्चरर थी। शिक्षा की दृष्टि से एम.ए., एम.फिल. थी; और अब पी-एच.डी. कर रही थी।

"लो, तुम तो कहते थे कि हमारे बेटे को लेक्चरर लड़की मिल ही नहीं सकती।" पत्नी ने अपनी प्रसन्नता में मेरी फजीहत कर डाली। कदाचित् यह भी पत्नियों का एक अनिवार्य व्यसन होता है।

"अभी लड़का उन्होंने देखा तक तो हैं नहीं और तुम मान भी बैठीं कि तुम्हें लेक्चरर बहू मिल गयी।" मैंने अपना बचाव किया।

"क्यों? हमारे बेटे में कोई कमी है क्या।"

"नहीं! पर उसके बाप में तो हजार कमियाँ हैं।" मैंने कहा, "लोग घरबार भी तो देखते हैं।"

पत्नी चाहते हुए भी इसका समर्थन नहीं कर सकी और विरोध करना नहीं चाहती थी। चुप रह गयी।

"तो पता लगायें, उनके द्वारा भेजी गयी सूचनाएँ ठीक तो हैं।" मैंने पूछा।

"ठीक ही होंगी। कोई झूठ क्यों बोलेगा। बेटी का विवाह करना है, कि नहीं।" वह बोली, "पर तुम कर लो अपनी जासूसी की हुड़क पूरी।"

"आजकल लोग बहुत झूठ बोलते हैं।" मैंने चेताया, "रिश्ता करने के बाद हजार बातें खुलती हैं।"

"हाँ। ठीक है। पर हमें बहुत कुछ नहीं चाहिए।" पत्नी ने कहा, "बेटे को उसका मुखड़ा पसन्द आ जाये तो हाँ कर दो।"

कॉलेज में छानबीन करने में कोई कठिनाई नहीं थी। वहाँ तो अनेक लोग परिचित थे। संयोग से अपनी एक छात्रा पिछले वर्ष ही वहाँ नियुक्त हुई थी। उसी को फोन कर दिया, कि लड़की देख ले।

उसने सन्ध्या समय ही सूचना ला दी, "सर! इस नाम की कोई लेक्चरर है ही नहीं हमारे यहाँ। मैंने कई लोगों से पूछ लिया है।"

"यह कैसे हो सकता है।" मेरी पत्नी बोली।

"कुछ नहीं! यह लड़की ही पागल है। स्टाफरूम में बैठे दो-चार लोगों से पूछ लिया होगा और मान लिया कि इस नाम की कोई लड़की ही वहाँ नहीं है।" मैंने कहा, "आजकल कोई मन लगाकर काम तो करना ही नहीं चाहता। परिश्रम करना पड़ता है न।"

"तो अब क्या करोगे?"

"करना क्या है, किसी वरिष्ठ आदमी से कहता हूँ। अंग्रेजी विभाग में ही है वह श्रीमती चावला। उसी को कहता हूँ। उसके विभाग की है। वह अवश्य जानती होगी।" मैंने पत्नी को आश्वस्त किया।

पर मैं स्वयं ही आश्वस्त नहीं हो पाया। सन्ध्या समय ही श्रीमती चावला का फोन आ गया, "कोहली साहब! इस नाम की कोई लड़की हमारे यहाँ नियुक्त नहीं हुई है। आपकी सूचना सही नहीं है।"

मैं चौंका। उनका फोन नम्बर तो पास था ही। सीधे वहीं फोन कर दिया। घर पर कन्या के पिता नहीं थे। अतः उसकी माँ से ही उसकी डिग्री सम्बन्धी दो-एक प्रश्न पूछे। वे धर्मभीरु तो थीं, किन्तु किसी और से नहीं डरती थीं। बोलीं, "हमने तो आपके लड़के के बारे में कोई छानबीन नहीं की, आप अवश्य करें।" मैंने कहा, "सहज ही किसी पर विश्वास नहीं कर लेना चाहिए।"

"आप कर लीजिये जो जासूसी करनी है।" वह बोली, "हमें कोई एंक्वायरी नहीं करनी है।"

"कॉलेज के लोग कहते हैं कि उनके यहाँ इस नाम की कोई लड़की नहीं पढ़ाती।" मैंने कहा।

"झूठ बोलते हैं।" उसने मुझे बताया, "कोई किसी की खुशी तो देख ही नहीं सकता। सब जलते हैं। हमारी लड़की लेक्चरर हो गयी तो कोई क्यों मान लेगा।"

मुझे भी लगा कि भले लोगों पर इस प्रकार सन्देह नहीं करना चाहिए।

मामला गम्भीर हो चला था। मैं और किसी पर विश्वास नहीं कर सकता था। मैंने कॉलेज की प्रिंसिपल को फोन कर दिया। उसने मुझे बताया कि उनके यहाँ अंग्रेजी विभाग में पिछले तीन वर्षों से कोई नियुक्ति नहीं हुई थी। इसलिए ऐसी किसी लड़की के उनके यहाँ होने का कोई प्रश्न ही नहीं था।

मेरी स्थिति टेनिस के गेंद की-सी हो रही थी। मैंने फिर कन्या पक्ष के यहाँ फोन कर दिया। इस बार उसके पिताजी बोले। मैंने अटपटे से शब्दों में उन्हें बता दिया कि कॉलेज की प्रिंसिपल क्या कह रही है।

उन्होंने मुझे नहीं डाँटा। बोले, "देखिये, इस देश में कितनी अव्यवस्था है। हमारी आर्मी में ऐसा होता तो कोर्ट मार्शल हो जाता। दायें हाथ को बायें हाथ का

पता नहीं है। प्रिंसिपल को पता नहीं कि उनके यहाँ कौन-कौन पढ़ा रहा है।" वे कुछ रुके, "मैं प्रतिदिन उसे कॉलेज में छोड़कर अपने दफ्तर जाता हूँ और शाम को लौटते समय वहीं से उसे लेकर घर आता हूँ। अभी भी वह तैयार हो रही है। उसका पहला पीरियड है। वह प्रथम वर्ष अंग्रेजी ऑनर्स की क्लास कमरा नम्बर 15 में लेगी। आप भी जाइये और प्रिंसिपल को भी ले जाइये और देख लीजिये कि वहाँ मिस रश्मि साहनी पढ़ा रही है या नहीं। प्रिंसिपल बन जाती हैं और एडमिनिस्ट्रेशन का क, ख, ग, नहीं मालूम।"

उन्होंने फोन रख दिया।

इतनी निश्चित सूचना पाकर मैं रुक नहीं सका और गलत सूचना देने के लिए प्रिंसिपल को डाँटने का प्रयत्न किया। उन्होंने मेरी बात सुनी और बोलीं, "कॉलेज का टाइमटेबल मेरे सामने है। फर्स्ट इयर इंग्लिश ऑनर्स की क्लास मिसिज थडानी ले रही हैं और वे हमारे कॉलेज में बीस वर्षों से हैं।"

मैंने फिर उसके पिता को फोन कर दिया। सौभाग्य से वे अभी घर से निकले नहीं थे। उन्हें बताया कि प्रिंसिपल क्या कह रही है, तो वे नाराज हो गये। "पिछले छह महीने से वह वेतन घर ला रही है, वह तो मिसिज थडानी का नहीं है न! क्लास ले रश्मि चावला और टाइमटेबल में नाम लिखा जाये श्रीमती थडानी का। हद है शोषण और बेईमानी की।" और उन्होंने मुझे परामर्श दिया, "आप स्वयं जाकर क्यों नहीं देख लेते कि वहाँ कौन पढ़ा रहा है। इसी बहाने आप मेरी बेटी को देख भी लेंगे।" और उन्होंने फोन पटक दिया।

मुझे अपनी भूल ज्ञात हो गयी। बात तो सारी वेतन की है। मुझे पहले क्यों नहीं सूझा। कॉलेज का एकाउंटेंट तो मेरा परिचित ही है। उसको पूछता हूँ कि इस नाम की लेक्चरर का वेतन बन रहा है कि नहीं।

उसे फोन किया। मेरी सेवा कर उसे बहुत प्रसन्नता हुई। बोला, "इस नाम की किसी लेक्चरर का वेतन हमारे रजिस्टर से तो कभी गया नहीं। और आप कह रहे हैं कि उसकी नियुक्ति अभी तीन महीने पहले हुई है तो हमारे यहाँ अंग्रेजी विभाग की सबसे जूनियर लेक्चरर पन्द्रह वर्षों से पढ़ा रही है। आपको अवश्य ही कोई गलतफहमी हुई है।"

इस गोरखधन्धे से मैं बहुत दुखी हो चुका था। पत्नी अलग कई बार डाँट चुकी थी कि इतनी छोटी-सी बात का पता नहीं लगा पा रहे। कन्या के पिता से बात करने का साहस नहीं हुआ। उसकी माँ के पास ही सन्देश छोड़ दिया कि वे लोग लड़का देखने न आयें। कुछ कारणों से हम इस बात को अभी आगे बढ़ाना नहीं चाहते।

तीन महीने बाद प्रिंसिपल का फोन आया, "हमने आपकी मिस रश्मि

साहनी को खोज लिया है। हम चाहेंगे कि आप उससे मिल लें। कृपया तत्काल कॉलेज आ जायें।"

"हम बेटे का सम्बन्ध तय कर चुके हैं।" मैंने कहा, "उस लड़की में अब हमारी कोई रुचि नहीं है।"

"पर हमारी रुचि इसमें है कि आप आकर उन लोगों से मिल लें।" प्रिंसिपल बोलीं "जल्दी आइये। मैं प्रतीक्षा कर रही हूँ।"

कुछ उनके आग्रह और कुछ अपनी उत्सुकतावश मैं कॉलेज जा पहुँचा।

प्रिंसिपल के कार्यालय में साहनी साहब और उनकी सुपुत्री दोनों ही उपस्थित थे।

"ये है रश्मि साहनी और ये हैं उसके पिता कर्नल साहनी। आपने सेना के जासूसी विभाग में लम्बी नौकरी के पश्चात् अवकाश प्राप्त किया है और अब एक अन्तर्राष्ट्रीय कम्पनी की सुरक्षा का काम देख रहे हैं।" प्रिंसिपल ने बताया, "आपको मैंने स्वयं टेलीफोन पर सूचना दी कि आपकी बेटी हमारे यहाँ नहीं पढ़ाती, तो इन्होंने मुझे ही डाँट दिया कि मैं झूठ बोल रही हूँ। पहले किसी को नियुक्त करती हूँ और फिर भूल जाती हूँ कि वह मेरे कॉलेज में है अथवा नहीं। यहाँ बायें हाथ को दायें हाथ की खबर नहीं है। कैसे कॉलेज चलाती हूँ मैं।"

कर्नल साहब सिर झुकाये बैठे रहे और थोड़ी देर में क्षमा प्रार्थना कर उठकर चले गये।

उनके जाने के पश्चात् मैं कुछ खुला, "आपने मेरे कहने पर इतनी छानबीन की?"

"आपके कहने पर क्या, हम तो तंग आ गये इस लड़की से। हमारे कॉलेज की पुरानी छात्रा है। कॉलेज तथा अध्यापकों के विषय में बहुत कुछ जानती है। एम.ए. में फेल हो गयी तो घर पर झूठ बोलना आरम्भ कर दिया। एम.ए. हुई नहीं और कह दिया एम.फिल. कर लेक्चरर हो गयी हूँ। बाप ने सारे समाचारपत्रों में बेटी के विवाह का विज्ञापन दे दिया। नाम हमारे कॉलेज का होता था तो लोग हमसे ही पूछते थे। इतने प्रश्नोत्तर करने पड़ते थे। दुखी कर दिया इस लड़की ने।"

"पर वेतन भी तो देती होगी घर में।" मैंने कहा।

"लाड़ली बेटी है। बाप वेतन लेता नहीं। अपनी ही ओर से कुछ-न-कुछ देता रहता है। बाप के साथ ही घर से आती-जाती है।" प्रिंसिपल ने कहा।

"उसने बेटी से पूछा नहीं कि वह इतना झूठ क्यों बोलती रही?"

"उसके लिए पुत्री के पास बहुत ही भावुक और आदर्श उत्तर है। उसके

पापा की बहुत इच्छा थी कि उनकी पुत्री लेक्चरर बने। वह नहीं बन सकी, पर यदि सच बता देती तो पापा का मन टूट जाता। वह पापा का मन नहीं तोड़ना चाहती थी।"

"अब नहीं टूटेगा उसके पापा का मन?" मैंने जिरह की।

"इतनी दूर तक वह नहीं सोचती। वह तो तात्कालिक समाधान खोजती है।"

"भारत सरकार की नीतियों पर चल रही है।" मैंने कहा।

प्रिंसिपल को मेरी टिप्पणी अच्छी नहीं लगी। बोलीं, "अब आप भी अपने सुपुत्र की डिग्रियाँ-विग्रियाँ चेक कर लीजिये।"

"नहीं! मेरा बेटा झूठ नहीं बोलता। हम एक-दूसरे को सन्देह की दृष्टि से नहीं देखते।" मैंने पूर्ण विश्वास से कहा।

"मिस रश्मि साहनी के पापा का भी यही विश्वास था। वे भी अपने घर में किसी पर सन्देह नहीं करते।" प्रिंसिपल ने कहा, "इसी नीति पर चल रहा है सारा देश। इसीलिए आज तक देश के वास्तविक शत्रु कभी पकड़े नहीं गये।"

गोत्र

मैंने अपने घर में एक उत्सव किया और भोलाराम को निमन्त्रित नहीं किया। भोलाराम ने तो कुछ नहीं कहा, किन्तु रामलुभाया मुझसे रुष्ट हो गया। बोला, "तुमने उसे अपमानित किया है।"

"क्यों? जब उसने अपने गृहप्रवेश का उत्सव किया था, तो उसने भी तो मुझे आमन्त्रित नहीं किया था।" मैंने अपनी सफाई दी, "तुम्हारे मन में प्रतिशोध की भावना है, जो अच्छी बात नहीं है।" रामलुभाया ने कहा, "कैसे घटिया आदमी हो तुम।"

"उसके मन में क्या था, जब उसने मुझे निमन्त्रित नहीं किया था?" मैंने पूछा।

"उसकी कोई मजबूरी रही होगी।" रामलुभाया बोला, "खर्च अधिक हो रहा होगा। स्थान छोटा पड़ गया होगा। निमन्त्रणपत्र कम पड़ गये होंगे। सम्भव है, उसने तुम्हें बुलाना चाहा हो। निमन्त्रणपत्र पर तुम्हारा नाम भी लिखा हो; पर वह तुम्हें देने आने का समय न निकाल पाया हो। या यह भी सम्भव है कि उसने डाक से निमन्त्रण भेजा हो और वह तुम्हें न मिला हो। डाक में खो गया हो।"

"तो ये ही सारी बातें, मेरे विषय में भी तो सोची जा सकती हैं।" मैंने रामलुभाया से पीछा छुड़ाना चाहा।

"तुम्हारे विषय में यह सब क्यों सोचा जाये।" वह बोला, "मैं जानता हूँ कि तुम अहंकारी हो। किसी ने तुम्हें बुलाया नहीं तो न केवल उसका बुरा मान जाते हो; उसे याद भी रखते हो। प्रतिशोध की भावना से पीड़ित रहते हो। अहंकारी ही नहीं द्वेषी भी हो तुम।"

मैं अपनी ही दृष्टि में एकदम घृणित व्यक्ति हो गया।...पर तभी मुझे अपनी भाभी स्मरण हो आयीं।

उन दिनों वे लोग एक विधवा वृद्धा के मकान में रहा करते थे। वृद्धा देखने में तो बहुत बेचारी और भली महिला लगती थी, पर भाई साहब बताते थे कि वह कितनी खुर्राट औरत थी। तीन महीने भी बीतते नहीं थे कि कहने

लगती थी कि वे बहुत कम किराया देते हैं, उन्हें किराया बढ़ाना चाहिए अथवा मकान खाली कर देना चाहिए।

एक दिन जब मैं उनके घर गया, तो भाभी ने कहा, "महँगाई बहुत बढ़ गयी है।"

कौन नहीं जानता था। सब जानते थे। मैं भी जानता था। अतः सहमत हो गया।

"हमें मकान का किराया बढ़ा देना चाहिए।" वे बोलीं।

मैं बौखला-सा गया, "क्या उस बुढ़िया ने कहा है? अभी दो महीने भी तो नहीं हुए, जब आपने किराया बढ़ाया था।"

"नहीं। उसने तो नहीं कहा है," भाभी बोलीं, "पर महँगाई तो बढ़ गयी है न। वह बेचारी विधवा, उसका खर्च कहाँ से पूरा होगा।"

"भाई साहब का वेतन बढ़ गया है क्या?" मैंने पूछा।

"नहीं! उनका वेतन तो बढ़ा नहीं है।" वे बोलीं, "पर उसमें हमारी मकान मालकिन का तो कोई दोष नहीं है। हमें तो उसका किराया बढ़ा ही देना चाहिए। हम उस पर इतना अत्याचार नहीं कर सकते कि उसके मकान में भी रहें और उसे भूखा भी मारें।"

"तो भाई साहब पैसा कहाँ से लायेंगे?" मैंने पूछा।

"वह मैं नहीं जानती।" भाभी ने उत्तर दिया, "मैं तो इतना ही जानती हूँ कि हम उस बेचारी विधवा पर अत्याचार नहीं कर सकते। नहीं करना चाहिए। हमारे मन में कुछ दया होनी चाहिए।"

"आपके मन में भाई साहब के लिए भी तो कुछ दया होनी चाहिए।" मैंने कहा।

भाभी मुझसे सहमत नहीं थीं। तब भी नहीं थीं, आज भी नहीं हैं।

अब भाई साहब वृद्ध हो गये हैं। उनका पुत्र युवा हो गया है। उसका विवाह हो गया है।

भाभी ने बताया कि प्रातः काम पर जाते हुए, बेटा-बहू उन्हें बता जाते हैं कि घर के लिए उस दिन क्या-क्या सामान आयेगा। भाभी उस सामान के लिए भाई साहब से पैसे माँगती हैं और भाई साहब के पास पैसे होते नहीं। वे अब नौकरी नहीं करते। अवकाश प्राप्त कर चुके हैं। थोड़ी-सी पेंशन आती है, जिसमें उनका व्यक्तिगत खर्च भी पूरा नहीं होता। और तब भाभी अपने पति को कोसती हैं।

"आप बेटे से क्यों पैसे नहीं माँगती?" मैंने पूछा, "वह अब कमाता है। अब घर का खर्च उसे सँभालना चाहिए।"

"एक बार कहा था मैंने बहू से कि मेरे पास पैसे नहीं हैं, तो बहू ने कहा, क्या आपको पापा इतने पैसे भी नहीं देते?" भाभी ने बताया।

"तो आप बता देतीं कि उनके पास पैसे होते ही नहीं हैं।" मैंने सुझाया।

"यह अच्छा लगता है क्या?" उन्होंने अपनी नाराजगी जतायी।

"और भाई साहब का खून पीना अच्छा लगता है क्या?"

"अपनों पर ही तो जोर होता है।" भाभी ने उत्तर दिया।

मेरे मन में प्रकाश की एक किरण फूटी और देश की सारी राजनीति स्पष्ट हो गयी। मेरी समझ में आ गया कि क्यों हमारे नेताओं को पाकिस्तान, अरब और अमरीका की नाराजगी की चिन्ता रहती है, क्यों उन्हें अपने देश का कष्ट दिखायी नहीं देता। पर यह आज भी समझ नहीं पाया कि जो लोग दूसरों के लिए इतने संवेदनशील होते हैं, वे अपने लोगों का रक्तपान करते हुए इतने क्रूर क्यों हो जाते हैं। शायद हमारे नेता भी मेरी भाभी के ही गोत्र के हैं।

झगड़ा

मैं आठ-दस दिनों के लिए बाहर जा रहा था। साप्ताहिक पाँचजन्य के लिए अपने साप्ताहिक स्तम्भ 'नरम कोना' की सामग्री प्रत्येक मंगलवार को भेजनी होती थी। इस दृष्टि से मुझे दो सप्ताह की सामग्री भेजकर जाना चाहिए था। अगले मंगलवार तक दिल्ली लौट आने की सम्भावना नहीं थी। और मेरी तनिक भी इच्छा नहीं थी कि पिछले तीन वर्षों से नियमित चलनेवाला मेरा स्तम्भ एक छोटे से कारण से अनियमित हो जाये।

मैंने लिखना आरम्भ किया। विषय कुछ ऐसा था कि उसका विस्तार होता गया। मैं इस मत का नहीं हूँ कि लिखते हुए, समाचारपत्र, पत्रिका, सम्पादक अथवा प्रकाशक की आवश्यकता और इच्छानुसार रचना को छोटा-बड़ा किया जाये अथवा उसका रूप बदला जाये। रचना तो स्वतन्त्र और सम्पूर्ण रचना के रूप में ही लिखी जानी चाहिए। इसलिए जब वह व्यंग्य मैंने पूरा किया तो मुझे लगा कि उसका विस्तार 'नरम कोना' के सामान्य आकार से दुगना हो गया है। मुझे सन्तोष हुआ। रचना को बलात् छोटा नहीं करना पड़ा था और 'नरम कोना' के लिए दो सप्ताह की सामग्री तैयार हो गयी थी। मुझे पूरा विश्वास था कि तरुण विजय उसे दो किस्तों में छाप देंगे। पहले भी लम्बी रचनाओं को दो अथवा तीन किस्तों में छाप ही चुके थे।

मैंने उनको फोन किया और बताया कि मैं दिल्ली से बाहर जा रहा हूँ। इसलिए इस बार दो सप्ताह की सामग्री भेज रहा हूँ। रचना एक ही है। आप उसे ठीक बीच से दो भागों में बाँट सकते हैं।

वे सुनते रहे। कुछ बोले नहीं। न हूँ, न हाँ। मुझे लगा कहीं फोन कट ही तो नहीं गया। ऐसा न हो कि फोन कट गया हो, उधर कोई कुछ सुन न रहा हो और मैं बोलता ही जा रहा होऊँ।

"आप सुन रहे हैं न?" मैंने पूछा।

"अ-हाँ!" वे कुछ अनमने से बोले।

"तो फिर बोलते क्यों नहीं? क्या सोच रहे हैं?"

"सोच रहा था कि क्या 'नरम कोना' को जारी रखना उचित होगा।"

मैं जैसे आकाश से गिर पड़ा। पिछले तीन वर्षों से मैं यह स्तम्भ लिख रहा हूँ। आज तक मुझे यही बताया गया कि वह अत्यन्त लोकप्रिय स्तम्भ है। उसके बिना एक अंक भी नहीं जाना चाहिए। और आज सम्पादक महोदय एकदम अचानक ही सीधी बात कह रहे हैं कि क्या 'नरम कोना' जारी रखना उचित होगा। यदि तरुणजी के मन में ऐसी बात थी तो उन्होंने कभी संकेत क्यों नहीं किया? आज मैंने फोन किया तो कह रहे हैं कि 'नरम कोना' जारी रखना उचित होगा क्या? और मैं हूँ कि मूर्खों के समान उनके अगले-अगले अंकों की चिन्ता कर, दिल्ली से बाहर जाने से पहले सारी सामग्री तैयार कर रहा हूँ।

"आप 'नरम कोना' बन्द करने की बात सोच रहे हैं क्या?" मैंने एक प्रकार के मानसिक दबाव में कहा। मेरा स्वाभिमान कुछ पीड़ित हो उठा था।

"नहीं तो।" तरुणजी ने भी उतने ही आश्चर्य से कहा, "क्यों?"

"आप 'नरम कोना' जारी रखना उचित नहीं मानते।"

"मेरा तात्पर्य है कि 'नरम कोना' अगले अंक में भी जारी रहे।"

मैं समझ गया। वे 'क्रमशः' के लिए जारी शब्द का प्रयोग कर रहे थे। आजकल यही प्रचलन हो गया था। पहले तो केवल एक ही शब्द लिखा जाता था—क्रमशः। अब पत्रकारों ने संस्कृत का अच्छा शब्द हटाकर 'जारी' जैसा अस्पष्ट शब्द स्वीकार कर लिया है। या फिर लिखते हैं, 'अगले अंक में जारी'।

"ठीक है तरुणजी! पर अपने वाक्य पर ध्यान दीजिये। आपने कहा कि 'नरम कोना' जारी रखना उचित होगा क्या?" मैंने कहा, "उसका अर्थ तो यही निकलता है कि उस स्तम्भ का प्रकाशन जारी रखना उचित होगा क्या?"

"नहीं! नहीं!" वे हँसे, "मैं तो प्रेस की शब्दावली का प्रयोग कर रहा था। 'नरम कोना' बन्द करने का हमारा कोई विचार नहीं है।"

मेरे ध्यान में एक और घटना आयी। मैं ताज एक्सप्रेस में आगरा जाने के लिए अग्रिम रूप से टिकट खरीदने गया था। रेलगाड़ी की टिकट की प्रायः मारोमार रहती थी। जब तक टिकट मिल ही न जाये, तब तक यात्रा का निश्चित् होना कठिन होता है। और टिकट का मिलना सरल नहीं है।

आध घंटे के बाद मेरी बारी आयी।

"एक टिकट आगरा।" मैंने कहा।

वह व्यक्ति अपना चार्ट देखता रहा और बोला, "जाना ही जाना है?"

मैं चौंका। हो गयी न वही बात। पूछ रहा है कि जाना ही जाना है।

"जाना तो है। आवश्यक काम है भाई।" मैंने अनुनय के स्वर में कहा, "कोई कठिनाई है क्या?"

"नहीं। कठिनाई क्या है।" उसने चार्ट पर से सिर नहीं उठाया, "मैं तो

पूछ रहा हूँ कि जाना ही जाना है?"

मैं कुछ खीज गया। कैसा मूर्ख आदमी है। यदि कोई कठिनाई नहीं है, गाड़ी में सीट है तो चुपचाप टिकट देकर पैसे क्यों नहीं लेता। पूछता ही जा रहा है, "जाना ही जाना है?" न जाना होता तो मैं यहाँ स्टेशन पर क्या करने आता। आध घंटे से खिड़की के सामने खड़ा हूँ और पूछ रहा है कि जाना ही जाना है।

"हाँ! जाना तो है।" मैंने स्वयं को नियन्त्रित करने का प्रयत्न किया।

इस बार उसने सिर उठाकर मेरी ओर देखा, "जाना तो आपको है, पर मैं पूछ रहा हूँ केवल जाना ही है कि लौटना भी है। एक तरफा टिकट चाहिए या वापसी टिकट चाहिए?"

मेरी समझ में आया कि वह रेलवालों की प्रचलित शब्दावली बोल रहा था और मैं समझ रहा था कि सीट न होने के कारण वह पूछ रहा है कि जाना ही है? जाये बिना काम नहीं चलेगा?

मैं सन्तुष्ट था कि झगड़ा होते-होते रह गया था।

करारे

"उठो।" मेरी पत्नी ने मुझे जगाया, "देखो एक ही दिन में भारतीय रेल की तीन गाड़ियों में बम विस्फोट हो गये हैं।"

"ओह! यह तो बहुत ज्यादती है।" मैं अपनी नींद में बड़बड़ाया, "जैसे तुम मुझे आराम नहीं करने देतीं, वैसे ही ये लोग विस्फोटों को भी विश्राम नहीं करने देते। करते ही चले जाते हैं।"

"होश में आओ।" पत्नी ने मुझे डाँटा, "रेलगाड़ियों में विस्फोट हुए हैं और एक समाचारपत्र में छह लोग मरे हैं, दूसरे में?"

मुझे होश तो आ चुका था किन्तु भाषा सम्बन्धी गड़बड़ मुझसे सहन नहीं हुई। बोला, "लोग समाचारपत्र में मरे हैं अथवा रेलगाड़ी में।"

"कोई समाचारपत्र में भी मरता है? वहाँ तो या समाचार की हत्या होती है, या भाषा की।" उसने मुझे पुनः डाँटा, "अब सोचो कि ये विस्फोट किसने किये होंगे।"

"कोई पटाखों का शौकीन होगा।" मैंने कहा, "पर वह अपने शौक के लिए लोगों की हत्या क्यों कर रहा है? कोई मानसिक रोगी लगता है, परपीड़न रति के रोग से पीड़ित है।"

"डॉ. कोहली!" पत्नी की आँखों से स्पष्ट था कि मैंने अपने विचारों से उसे पीड़ित कर दिया है, "आप साहित्य के डॉक्टर हैं, मानसिक रोगों के नहीं।" उसने अपने क्रोध को सँभाला, जैसे सत्ताकर्मी देश का धन सँभाल रहे हैं और बोली, "यह छह दिसम्बर के दिन हुआ है।"

मैंने अपनी स्मरणशक्ति को कष्ट दिया, पर मुझे कुछ भी स्मरण नहीं आया। तब तक रामलुभाया भी प्रकट हो गया।

"यह समाचार देखा तुमने?" वह पूछ नहीं रहा था, चिल्ला रहा था।

मैं न उसके चिल्लाने को कोई गम्भीर बात मानता हूँ, न उसके पूछने को। मैं तो यह जानता हूँ कि उसे जब चाय पीनी होती है, अथवा अपने खरीदे

समाचारपत्र के अतिरिक्त कोई समाचारपत्र पढ़ना होता है तो वह इस प्रकार किसी समाचार के बहाने हमारे घर में प्रकट हो जाता है।

"कौन-सा समाचार?" मैंने पूछा।

"यही, रेलगाड़ियों में बम फटने का।" वह बोला, "छह दिसम्बर है न, इस दिन अयोध्या में इन लोगों ने मन्दिर बनवाना आरम्भ किया था, उसी की वर्षगाँठ मना रहे हैं ये, रेलगाड़ियाँ उड़ाकर और निर्दोश लोगों की हत्या कर।"

मेरी पत्नी को सचमुच क्रोध आ गया। बोली, "रामलुभाया! रेलगाड़ियों में बम रखनेवालों ने उसका दायित्व स्वीकार कर लिया है और वे मुस्लिम संगठन हैं। वे विवादास्पद ढाँचे को ढाये जाने की वर्षगाँठ पर अपना विरोध प्रकट कर रहे हैं—रेलगाड़ियाँ उड़ाकर और निर्दोश लोगों की हत्या कर।"

"यह झूठ है।" रामलुभाया ने कहा।

"कैसे?" मैंने पूछा।

"क्योंकि ऐसा कोई समाचार मेरे पेपर में नहीं आया है।"

"वह इसलिए नहीं कि उन संगठनों ने उस दायित्व को स्वीकार नहीं किया है, वह इसलिए है क्योंकि तुम न्यूज पेपर नहीं कोई टायलेटपेपर पढ़ते हो, जो इस देश में बहुत सारे छपते हैं और जिनका काम सत्य को दबाना तथा झूठ को प्रचारित करना है।"

"पर यह एक दृष्टिकोण तो हो ही सकता है।" वह निर्लज्जता से अपनी बात पर अड़ा रहा।

"तुम तो उस हत्यारिणी पत्नी के समान बोल रहे हो, जो सीमापार के अपने प्रेमी के कहने पर अपने ही पति की हत्या करती है और फिर शोर मचाकर लोगों को एकत्रित कर लेती है कि उसके पति की हत्या हो गयी है और उसे अपने देवर पर सन्देह है कि उसने जायदाद के मोह में अपने भाई की हत्या कर दी है।"

"तुम मेरी चिन्तन और अभिव्यक्ति की स्वतन्त्रता को बाधित ही नहीं कर रहे, उसका दमन भी कर रहे हो।" रामलुभाया ने मुझे आँखें दिखायीं, "कोई भी जनतान्त्रिक व्यवस्था इसको सहन नहीं करेगी।"

"कर लेगी।" मैंने कहा, "जब मैं तुमको सहन कर लेता हूँ तो जनतान्त्रिक व्यवस्था मेरी अभिव्यक्ति की स्वतन्त्रता को भी सहन कर लेगी। तुम चाहते हो कि तुम्हें तो झूठ बोलने और अफवाहें उड़ाने ही नहीं उन्हें प्रचारित और प्रसारित करने की भी स्वतन्त्रता हो और तुम्हारा विरोध करनेवालों को सत्य बोलने की भी स्वतन्त्रता न हो। तुम्हारा जनतन्त्र इतना एकांगी और एकपक्षीय

क्यों है रामलुभाया?"

उसने मेरी बात का कोई उत्तर नहीं दिया। वह तत्काल मेरी पत्नी से सम्बोधित हो गया, "भाभीजी, आज चाय के साथ कुछ करारे-करारे पकौड़े भी हो जायें। वर्षा भी हो रही है और बहुत दिन हो गये आपके हाथ के पकौड़े खाये हुए।"

"बात फिर कुछ उलटी हो गयी है रामलुभाया!" मैंने कहा, "वस्तुतः बहुत दिन हो गये, तुम्हें झूठ बोलते और इस घर के करारे-करारे पकौड़े खाते, अब तुम सत्य को पहचानना भी सीखो, नहीं तो फिर जो करारे-करारे पड़ेंगे, वे पकौड़े नहीं होंगे।"

मेहमान

सोनियाजी ने कहा कि अटलजी की सरकार इस देश में कुछ ही दिनों की मेहमान है। मुझे बड़ी प्रसन्नता हुई। सोचा, जिनको हम आज तक अतिथि ही मानते रहे, वे अब स्वयं को गृहस्वामिनी मान रही हैं और दूसरों को अतिथि का सम्मान दे रही हैं। एक बार तो मन कुछ डरा भी, कहीं वे घर पर कब्जा ही न कर लें। अपने बचपन में यह कथा सुनी थी कि एक अतिथि को अपने शिष्टाचार में गृहस्वामी कह बैठा कि यह घर आपका ही है। अगले दिन वह अतिथि कुछ मिस्त्रियों को ले आया। वह उस घर में कुछ परिवर्तन करवाना चाहता था, क्योंकि अब वह घर तो उसका ही था। पर नहीं सोनियाजी ऐसा कुछ नहीं करेंगी। वे शायद अटलजी की सरकार के प्रति अपना सम्मान जता रही थीं। अतिथि को कितना सम्मान दिया जाता है। उसे देवता के बराबर बताया गया है। जिसको सम्मान देना होता है, उसे अतिथि कहा जाता है। मन प्रसन्न हो गया कि सोनियाजी के मन में इस सरकार के लिए कितना सम्मान है। इससे यह आशा बँधी की कि वे उनके साथ सहयोग करेंगी और उनके प्रति विरोध के तेवर त्याग देंगी।

पर रामलुभाया ने मुझे बताया कि मेरे ये सारे निष्कर्ष सिरे से ही गलत थे। मैं जिसे एक शब्द मान रहा था, वह एक मुहावरा था। जब शब्द मुहावरे में प्रयुक्त होता है तो उसका अर्थ एकदम बदल जाता है। उसका वह अर्थ रह ही नहीं जाता, जो वस्तुतः उसका अर्थ होता है। उसमें जो हम कहना चाहते हैं, वह कह नहीं रहे होते; और जो हम कह रहे होते हैं, वह हमारा तात्पर्य नहीं होता। अब 'चार दिन की चाँदनी' कहने से किसी का ध्यान इस ओर गया कि चार दिन तो क्या एक दिन की भी चाँदनी नहीं होती। दिन में चाँदनी तो होती ही नहीं।

वस्तुतः मैं मुहावरों के सन्दर्भ में अपने शैशव से ही कुछ कमजोर रहा हूँ। इसीलिए जब कोई शब्दों का गलत प्रयोग करता हुआ दिखायी देता है तो मैं चुपचाप ही यह मान लेता हूँ कि वह किसी प्रकार के मुहावरे का ही प्रयोग

कर रहा होगा। तो रामलुभाया ने मुझे समझाया कि सोनियाजी अटलजी की सरकार के सन्दर्भ में अपना सम्मान व्यक्त नहीं कर रही हैं। वे कह रही हैं कि यह सरकार चलेगी नहीं।

मुझे इस बात से भी कोई चिन्ता नहीं हुई। अच्छा लगा कि वे कह रही हैं कि सरकार चलेगी नहीं। बरसों तक उन्होंने, उनके पति ने, उनकी आदरणीया सासुजी ने, सासुजी के पिताजी ने, यही नारा दिया था कि कांग्रेस की सरकार न चल रही है, न चलेगी। वे तो इसी बात में गर्व करते रहे हैं कि उनकी सरकार स्थिर है और स्थिर ही रहेगी। अब जो स्थिर रहेगा, वह चलेगा कैसे और जो चलेगा, वह स्थिर कैसे रहेगा? तो जब वे कह रही हैं कि अटलजी की सरकार चलेगी नहीं, तो कदाचित् वे उनकी सरकार को भी स्थिर सरकार मान रही हैं। वह सरकार अपने स्थान पर दृढ़ता से टिकी रहेगी। पर इससे तो अच्छा था कि वे कहतीं कि अटलजी की सरकार हिलेगी नहीं। जमी रहेगी।

रामलुभाया ने फिर से मुझे डाँट दिया कि मैं बात को ठीक से समझ नहीं रहा हूँ। मुहावरे का अर्थ कुछ होता है और मैं समझ कुछ और लेता हूँ। मैंने कहा, तो फिर वह स्वयं ही मुझे बता क्यों नहीं देता कि सोनियाजी कहना क्या चाहती हैं। उसने कृपापूर्वक मेरी बात मान ली और बताया कि वे कह रही हैं कि अटलजी की सरकार निकट भविष्य में ही समाप्त हो जायेगी। उसका अन्त बहुत निकट है।

मैंने सुना और हँस दिया। रामलुभाया को बड़ी निराशा हुई। वह मुझे डाँटकर बोला, "यह कोई सुखद समाचार है कि हँस रहे हो?"

"नहीं।" मैं बोला, "यह सुखद समाचार तो नहीं है, किन्तु मुझे सोनियाजी की इस भविष्यवाणी पर तनिक भी विश्वास नहीं है। वे कोई ज्योतिषी अथवा भविष्यवक्ता तो हैं नहीं। उनके कान में आकाशवाणी हुई है क्या कि अटलजी की सरकार गिरनेवाली है?"

"नहीं!" ज्योतिषी तो वे नहीं हैं किन्तु वे भी राजनीति में हैं। उनका ससुराल तो सदा ही राजनीति में रहा है। वे देख-परख सकती हैं। उन्हें सूचनाओं का आभास हो जाता है। उनको सूचना देनेवाले लोग देश-भर में फैले हुए हैं। इतनी बड़ी पार्टी है उनकी। उन सारी सूचनाओं के आधार पर वे यह घोषणा कर रही हैं कि अटलजी की सरकार गिरनेवाली है।"

"ऐसा तो तब भी था, जब उनकी सासुजी गिरी थीं। तब उन्हें क्यों यह आभास नहीं हो गया कि उनके अपने घर में ही, इन्दिराजी के अपने ही सुरक्षा

कर्मचारी उनकी हत्या कर देंगे?" मैंने कहा, "तब तो उनके पास अपनी पार्टी का ही नहीं, देश की सारी सूचना संस्थाओं, और सरकारी तन्त्र का भी सम्बल था। तब क्यों ज्योतिषी बनकर वे घोषणा नहीं कर सकीं कि इन्दिराजी का पतन होनेवाला है। उनके अपने पति की हत्या का आभास उन्हें क्यों नहीं हुआ? यह सारा ज्योतिष अटलजी की सरकार के विषय में ही क्यों है?"

"व्यक्ति से सरकार बड़ी होती है।" रामलुभाया बोला, "इसलिए उन्हें व्यक्ति के गिरने का नहीं, सरकार के गिरने का ही आभास होता है। वैसे भी अपनी कुर्सी का टूटा हुआ पाया तक दिखायी नहीं देता और सामने बैठे व्यक्ति की कुर्सी का उखड़ा हुआ एक कील भी दिखायी दे जाता है।"

"सत्य कह रहे हो, रामलुभाया!" मैंने कहा, "शायद इसीलिए वे अटलजी की सरकार के गिरने की घोषणा तो कर रही हैं किन्तु अपनी पार्टी की जिस कुर्सी पर वे बैठी हैं, उसके टूटे हुए तीन पाये भी उनको दिखायी नहीं दे रहे हैं।"

परम्परा

रामलुभाया जब किसी से प्रसन्न हो जाता है तो उसके साथ बह ही जाता है। आज भी वह बहुत कुछ उसी मुद्रा में था।

"देखा तुमने। इसको कहते हैं कूटनीति। एक ही वाक्य में चित कर दिया सबको।"

"किसकी चर्चा कर रहे हो?" मैंने पूछा।

"राबड़ी देवी ने विधानसभा में ही कह दिया कि मारपीट तो बिहार विधानसभा की परम्परा रही है। कर दिया न सबका मुँह बन्द।"

"तुम्हारा यह तर्क मेरी तो समझ में नहीं आया।"

"समाचारपत्र नहीं पढ़ा होगा।"

"पढ़ा है।" मैंने कहा, "राबड़ी देवी का यह वक्तव्य भी पढ़ा है, किन्तु उसमें कूटनीति क्या है? किसका मुँह बन्द हो जायेगा उससे?"

"सबसे पहले तो भारतीय जनता पार्टी का मुँह बन्द होगा।"

"क्यों?"

"क्योंकि इस देश में परम्परा की दुहाई वही सबसे ज्यादा देती है। फिर दलितों का मुँह बन्द होगा, क्योंकि उनके दलन की भी परम्परा रही है।"

"तुम तो पागल हो रामलुभाया!" मैंने कहा, "जब कोई अपनी परम्पराओं की रक्षा की बात करता है तो वह अच्छी परम्पराओं की चर्चा करता है। सात्विक परम्पराओं पर गर्व किया जाता है। इस प्रकार की हिंसा पर नहीं। वे बिहार की प्राचीन परम्परा की बात करतीं, जब नालन्दा में पढ़ने के लिए संसार-भर से विद्यार्थी आते थे, तो कोई बात भी होती। चन्द्रगुप्त मौर्य की बात करतीं, अशोक की बात करतीं तो परम्परा होती या...।"

"तुम्हारे साथ यही तो कठिनाई है।" उसने मेरी बात काट दी, "सदा ही पक्षपात करते हो। सबके साथ न्याय कभी नहीं कर सकते।"

"इसका क्या अभिप्राय है?" मैं भौंचक खड़ा रह गया।

"किसी परम्परा को तो जीवित रखना चाहते हो और किसी को नहीं।" उसने मुझे घूरकर देखा, "यह ठीक नहीं है। परम्परा का पक्ष लेते हो तो सारी

परम्पराओं का पक्ष लो। बिहार की परम्पराओं की रक्षा करो।"

"अर्थात् विधानसभा में मारपीट को परम्परा के नाम पर गौरवान्वित किया जाये। कल को कहोगे कि बिहार में तो रेलगाड़ियों में डकैतियों की परम्परा है, इसलिए डाकुओं को संरक्षण दिया जाये और उन्हें डाके डालने की सुविधा प्रदान की जाये।"

"फिर क्षेत्रीयता ले आये न बीच में।" उसने मुझे डाँटा, "जो सबसे गतिमान प्रदेश है, उसकी निन्दा कर रहे हो; और जो जड़ प्रदेश हैं, उनके विषय में कुछ नहीं कह रहे।"

मैं उसके चिन्तन को नहीं समझ पाया तो चुपचाप उसकी ओर देखता रहा।

"मैं जानता था कि तुम नहीं समझोगे।" वह हँसा, "देखो शेष सारे प्रदेश केवल बैंकों, घरों, खेतघरों यानी फार्महाउसों में डाके डालते हैं। ये सब जड़ स्थान हैं। गतिमान तो रेलगाड़ी है। केवल बिहार ही एकमात्र ऐसा प्रदेश है, जहाँ मोबाइल डकैतियाँ होती हैं। मोबाइल फोन आ गया तो बहुत प्रसन्न हो। मोबाइल डकैती आ गयी तो उसकी निन्दा करने लगे।"

मैं उसे क्या कहता, उसने तो गतिशीलता की परिभाषा ही बदल दी थी।

"और फिर उत्तर प्रदेश के डाकू संसद में आ गये तो तुमने कुछ नहीं कहा, केवल बिहार के डाकुओं की निन्दा करते हो, यह उचित नहीं है।" वह क्रोध में आगबबूला हो रहा था।

"हम परम्परा की बात कर रहे थे, या शायद उससे भी पहले तुमने कूटनीति की बात चलायी थी। ये डाकू बीच में कहाँ से आ गये?" मैंने पूछा।

"हाँ, बात तो कूटनीति की ही थी।" उसे स्मरण हो आया, "भविष्य में बिहार में जब कभी कोई चारा घोटाला होगा तो कहा जा सकता है कि बिहार में तो इसकी परम्परा ही है।"

"केवल बिहार में ही क्यों?" मैंने पूछा, "देश के अन्य प्रदेशों में क्यों नहीं?"

"यही तो कूटनीति की बात है।" वह बोला, "राबड़ीदेवी ने उस फार्मूले को पेटेंट करा लिया है। भविष्य में किसी और प्रदेश में चारा घोटाला हुआ तो वह घोटाला है, बिहार में हुआ तो परम्परा है। परम्परा में बहुत गुण हैं। और किसी प्रदेश के मुख्यमन्त्री ने कभी होली के नाम पर अपने साथी मन्त्रियों के कपड़े फाड़े हैं?"

रामलुभाया गर्व से मेरी ओर देख रहा था।

आयोग

चोर ने खिड़की की शलाकाएँ काटीं और शीशा तोड़कर कमरे में घुस गया। सामने एक व्यक्ति पड़ा सो रहा था। आसपास कोई नहीं था। उसकी पत्नी उसके निकट कहीं नहीं थी। कमरे में एक ही पलंग था, जिसका अर्थ था कि पति-पत्नी अलग-अलग कमरों में सोते थे। उनमें कोई मतभेद रहा होगा।

चोर ने सोचा, अच्छा अवसर है। वह कुछ भी चुरा सकता था। कुछ भी... जो कुछ दृष्टि के सम्मुख था, उनमें से कुछ भी उठाया जा सकता था। आज उससे भूल हो गयी थी, वह अपने साथ ट्रक या टैम्पो जैसी कोई सवारी नहीं लाया था, नहीं तो इस घर का सारा सामान, यहाँ तक कि इस व्यक्ति समेत इसका पलंग भी वह उठाकर ले जा सकता था।

उसने टी.वी. उठा लिया। पर अँधेरे में पलंग के ही एक पाये से ठोकर लग गयी। सोया हुआ आदमी हिला। चोर ने निकट जाकर देखा : वह हिला ही था। अभी जागा नहीं था। फिर भी चोर को क्रोध आ गया। वह हिला क्यों? उसे नहीं मालूम कि घर के लोग इस प्रकार हिलते-डुलते रहें तो चोरों की एकाग्रता भंग होती है। किसी की साधना को इस प्रकार बाधित करना कोई न्याय है क्या।...

चोर ने अपने क्रोध को बहलाना चाहा किन्तु वह नहीं बहला। क्रोध साधारण क्रोध नहीं था। कलयुगी क्रोध था। रक्तबीज के समान बढ़ता गया।

चोर ने एक शलाका उठा ली और सोये व्यक्ति को जोर से दे मारी। यह भी नहीं देखा कि उसका सिर मुँह किधर था। उसका सिर तो नहीं फट जायेगा। वह मर तो नहीं जायेगा।... मर जायेगा तो मर जाये साला, पर वह हिला क्यों?

वह व्यक्ति मरा नहीं। इस बार जोर से हिला। संयोग से शलाका की चोट तकिये पर पड़ी थी और उससे व्यक्ति की नींद उचट गयी थी। उसने खतरे को भाँप लिया था और वह उचक्कर खड़ा हो गया था।

चोर ने चाकू निकाल लिया। अच्छा था कि वह उस व्यक्ति को समाप्त ही कर डाले। फिर आराम से सुबह तक चीज़ें बटोरता और बाँधता रहेगा।

पर वह व्यक्ति भी कुछ कम नहीं था। उसने चोर के हाथ में चाकू देखा, तो तकिये के नीचे से पिस्तौल निकाल ली। चोर जब तक उस पर वार करता, उसने गोली चला भी दी थी।

गोली चोर के पैर में लगी। व्यक्ति ने गोली पैर में ही मारी थी। चोर भूमि पर गिर पड़ा। चोर के हाथ से चाकू खिसक गया और वह अपना पैर पकड़कर बैठ गया। व्यक्ति ने आवाज देकर घर के अन्य लोगों को भी बुला लिया और रस्सी भी मँगा ली। चोर के हाथ-पैर बाँध दिये गये।

"अरे पुलिस को तो बुलाओ।" व्यक्ति की पत्नी ने कहा।

"पुलिस क्या करेगी?" व्यक्ति झल्लाया, "मैंने उसे पकड़ लिया है और उसे बाँध भी दिया है। अब पुलिस का अचार डालना है क्या?"

"तो उसे जेल में भी तुम ही रखोगे?" पत्नी झल्लायी, "तुम्हारे पास जेल है क्या? अपने तकिये के नीचे तो नहीं छुपा रखी?"

"यह घर जेल ही तो है।" व्यक्ति बोला, "तुमने आज तक मुझे बन्दी ही तो बना रखा है।"

पत्नी का मूड बिगड़ गया, "स्वयं ही तो कहा करते थे कि तुम मेरी अलकों के बन्दी बने रहना चाहते हो और अब आधी रात को जगाकर बकवास कर रहे हो। सारी उमर यही सब सुना है मैंने, पर आज नहीं सुनूँगी।" वह रुकी और फिर झपटकर उसने दुगने वेग से आक्रमण किया, "पुलिस बुलाओगे या चप्पल उठाऊँ?"

व्यक्ति ने फोन कर दिया और चकित खड़ा रह गया, क्योंकि पुलिस सचमुच आ गयी।

इंस्पेक्टर ने चोर को उसके कॉलर से पकड़ा तो चोर दहाड़ उठा, "खबरदार जो मुझे हाथ लगाया।"

"तो पाँव लगायें?" इंस्पेक्टर ने अपनी प्रतिभा का प्रदर्शन किया।

"नहीं! कोई आवश्यकता नहीं।" चोर ने खड़े होने का प्रयत्न किया, "मैं जा रहा हूँ मानवाधिकार आयोग में, तुम्हारी शिकायत करूँगा।"

"थाने नहीं चलोगे?" इंस्पेक्टर ने रोककर पूछा।

"नहीं! मानवाधिकार आयोग में जाऊँगा।" चोर ने कहा।

"क्यों? वहाँ क्या है? तुम कोई खास चीज़ हो कि थाने न जाकर मानवाधिकार आयोग जाओगे?"

"हाँ! मैं मानव हूँ। मानव के कुछ अधिकार होते हैं। और उनकी रक्षा के लिए सरकार ने एक आयोग बनाया है। वह इसलिए तो नहीं बनाया गया

कि वहाँ उल्लू बोलते रहें। वह बना है कि हम जैसे मानव वहाँ जायें और वह हमारी रक्षा करे। वह कवच है हमारा।"

"क्या कारण है तुम्हारा वहाँ जाने का। मानव तो यह भी है।" इंस्पेक्टर ने कहा।

"यह मानव है?" चोर ने घृणा से कहा, "इसने मुझे अपनी हत्या नहीं करने दी। इसने मुझे गोली मारी है। मेरे साथ, एक मानव के साथ, अमानवीय व्यवहार किया है। अब पुलिस इसका साथ देगी, तो मैं पुलिस की भी शिकायत करूँगा। और अपनी गवाही के लिए किसी डॉक्टर को बुला लूँगा।"

पुलिस इंस्पेक्टर डर गया, "चलो, तुम्हें अस्पताल ले चलें। मरहम-पट्टी तो करवा लो।"

"नहीं! नहीं जाऊँगा अस्पताल। तुम मामले को रफा-दफा करना चाहते हो।"

"तो चल तुझे मानवाधिकार आयोग ही ले चलूँ।" इंस्पेक्टर को भी क्रोध आ गया, "मैं तुम्हें भागने तो नहीं दूँगा।"

चोर ने मानवाधिकार आयोग में, एक शान्तिप्रिय नागरिक द्वारा अपने मानवीय अधिकारों के हनन की शिकायत कर दी।

"तुम इनके घर में क्यों घुसे थे?" आयुक्त ने चोर से पूछा।

"चोरी करने और यदि यह चोरी न करने दे तो इसकी हत्या करने।"

"क्यों? हत्या करना तो अपराध है।" आयुक्त ने कहा।

"होगा; किन्तु यह प्रतिदिन अपनी पत्नी से मार खाता था। मुझसे इसकी पीड़ा देखी नहीं जाती थी। मैं इसे इसके यातनामय जीवन से मुक्ति दिलाना चाहता था।" चोर बोला, "मैं इसका शुभचिन्तक हूँ। मैं मानवता का त्राता हूँ।"

"आपकी पत्नी आपको रोज पीटती थी?" आयुक्त ने व्यक्ति से पूछा।

"जी!"

"क्यों पीटती थी?"

"जी! हम दोनों में कुछ मतभेद हैं।"

"कैसे मतभेद, जो मारपीट तक जा पहुँचते हैं?"

"जी! वह जरा गम्भीर विचारों की है। हर बात को बहुत गम्भीरता से ग्रहण करती है।"

"और आप?"

"मैं कुछ हल्का-फुल्का, विनोदी आदमी हूँ। जीवन को कभी मैंने उस प्रकार गम्भीर दृष्टि से नहीं देखा।"

"यह क्या मतभेद हुआ?"

"जी! इससे अधिक मुँह खोलूँगा, तो नारी अधिकारों का हनन हो जायेगा और नारी आन्दोलन की सदस्याएँ, मुझे भरे बाजार में जूते मारेंगी।"

"तो आपने प्रतिकार क्यों नहीं किया?"

"जी प्रतिकार करता तो वह महिला आयोग में चली जाती।"

"तो आप मार खाते रहे?"

"तो आप क्या करते हैं? आपकी पत्नी आपको मारती नहीं या धिक्कारती नहीं, या अपमानित नहीं करती? आपने कभी प्रतिकार किया?"

"बात तुम्हारी और तुम्हारी पत्नी की है।" आयुक्त ने बुरा-सा मुँह बनाया, "मुझे क्यों बीच में घसीटते हो?"

"मैंने तो उदाहरण दिया है श्रीमन्।"

"ऐसे घटिया उदाहरण मत दिया करो, इससे मानव के अधिकारों का हनन होता है।" आयुक्त बोले, "तो तुम अपना दोष स्वीकार करते हो। तुम पर दोहरे आरोप हैं।"

"जी! क्या क्या?"

"तुम अपनी पत्नी से पिटते रहे और कुछ नहीं बोले। उससे मानव के अधिकारों का हनन हुआ।" आयुक्त ने कहा, "दूसरा, तुमने अपने घर में तुम्हारी हत्या के उद्देश्य से घुस आये इस चोर को गोली मारी। चोरों और हत्यारों के साथ ऐसा अमानवीय दुर्व्यवहार नहीं करना चाहिए।"

"जी सरकार! माई बाप!"

"अपना अपराध स्वीकार करते हो?"

"जी! माई बाप। स्वीकार करता हूँ।"

"तो फिर उसका दंड भी स्वीकार करो।" आयुक्त उसका दंड लिखने में व्यस्त हो गये।

बहुसंख्यक होने का अर्थ

पादरी के घर पर बहुत भीड़ देख, रामलुभाया घबराया। कहीं कोई दुर्घटना तो नहीं हो गयी? पड़ोसी की चिन्ता के कारण वह घर बैठा नहीं रह सका। भागा हुआ उसके घर चला गया।

"क्या हुआ भाई?" उसने पादरी से पूछा, वह उसे फादर नहीं, भाई ही कहता था।

"अत्याचार हो रहा है हम पर इस देश में।" पादरी चिल्लाया, "हम इसे सहन नहीं करेंगे।"

"हम इसे सहन नहीं करेंगे।" उपस्थित लोगों ने चिल्लाकर कहा।

"अत्याचार तो कभी सहन नहीं करना चाहिए।" रामलुभाया उससे सहमत हो गया, "मैं इस लड़ाई में तुम्हारे साथ हूँ।"

"तो बताओ। उड़ीसा में उन लोगों को फिर से हिन्दू क्यों बनाया गया?"

"किन लोगों को?" रामलुभाया ने पूछा।

"जिन्हें हमने पिछले सप्ताह ईसाई बनाया था।"

"क्या हिन्दू और ईसाई बनाये जाते हैं?" रामलुभाया कुछ चकित होकर बोला, "मैं तो समझता था लोग अपनी आस्था के अनुसार हिन्दू और ईसाई होते हैं।"

"रहने दो अपनी यह बकवास।" पादरी रुष्ट होकर बोला, "हम उनकी आस्था के बदलने की प्रतीक्षा करते तो वे कयामत तक हिन्दू ही बने रहते।"

"तो तुम्हारी क्या क्षति हो जाती?" रामलुभाया ने पूछा, "धर्म तो अपने आत्मिक विकास के लिए होता है। तुम अपना विकास करो..."

"हम अपना विकास ही तो कर रहे हैं।" पादरी बोला, "जितनी अधिक संख्या में हम हिन्दुओं को ईसाई बनायेंगे। ईसा मसीह हमसे उतने ही प्रसन्न होंगे।"

"ईसा मसीह के विषय में तो मैं नहीं जानता, पर पोप अवश्य प्रसन्न होंगे।"

"हाँ!" पादरी बोला, "यह देश जितना ईसाई होता जायेगा, उतना ही यूरोप

और अमरीका के ईसाई देशों का गुलाम होता जायेगा। हमारी सत्ता बढ़ती जायेगी।...” पादरी प्रसन्न था।

“पर जब लोगों की आस्था नहीं बदलती तो तुम उनको ईसाई कैसे बना लेते हो?”

“वे अस्वस्थ होते हैं। उन्हें ज्वर होता है। हम उन रोगों की औषधियों को पानी में घोलकर उन्हें ईसा के चरणामृत के रूप में पिला देते हैं। उनका ज्वर उतर जाता है और हम उनको ईसाई होने का ज्वर चढ़ा देते हैं। नहीं मानते तो उन्हें ईसा मसीह के क्रोध से ज्वर लौटा लाने का भय दिखाते हैं।”

“पर यह तो झूठ है। पाप है। तुम धर्म के नाम पर लोगों को धोखा दे रहे हो।”

“मुझे तुमसे वाद-विवाद नहीं करना है।” पादरी बोला, “मेरा तो पूछना है कि उन लोगों को फिर से हिन्दू क्यों बनाया जा रहा है? इस प्रकार धर्म-परिवर्तन का अधिकार किसी को नहीं दिया जा सकता।”

“तो तुमको किसने यह अधिकार दिया कि तुम भोले-भाले हिन्दुओं को धोखे से ईसाई बनाओ?” रामलुभाया ने पूछा।

“इस देश में धर्म-परिवर्तन का अधिकार है। इसीलिए हमने उन्हें ईसाई बनाया।” पादरी बोला।

“इस देश में धर्म-परिवर्तन का अधिकार है, इसीलिए वे लोग पुनः हिन्दू हो गये, जो वे सदा से थे।”

“पर यह अधिकार न तो उनको है, जो हिन्दू हो गये, और न उनको है, जिन्होंने उन्हें हिन्दू बनाया।”

“क्यों?” रामलुभाया स्तब्ध रह गया, “जो अधिकार विदेश से आकर भी तुमको है, वह इस देश के नागरिकों को क्यों नहीं है?”

“क्योंकि धर्म-परिवर्तन का अर्थ है हिन्दू से ईसाई बनना। हिन्दू से मुसलमान बनना।” पादरी बोला, “हिन्दुओं को यह अधिकार किसने दे दिया कि वे अपने धर्म की रक्षा करें?”

“जो अधिकार ईसाइयों को है, वह हिन्दुओं को क्यों नहीं है?”

“क्योंकि वे बहुसंख्यक हैं।” पादरी बोला।

“तो लोकतन्त्र तो बहुमत से ही चलता है। यह कैसे सम्भव है कि बहुसंख्यक लोगों को वह अधिकार भी न हो, जो उस देश के अल्पसंख्यकों को प्राप्त है?”

“वह जहाँ होता होगा, होता होगा।” पादरी बोला, “इस देश में तो बहुसंख्यक का अर्थ है, जिसे कोई अधिकार न हो।”

हितैषी

पिता ने द्वार खटखटाने के लिए हाथ बढ़ाया तो पाया कि द्वार तो खुला ही हुआ है। वे घबराकर घर में घुसे। घर में दोनों बेटियाँ अकेली छोड़ गये थे। देखा, उनके आने से पहले जैसे घर में झंझावात आया था। सब ओर जैसे कोई ध्वंसचक्र घूम गया था।...दोनों बेटियाँ अचेत भी थीं, घायल भी। शरीर पर कई स्थानों पर घाव थे। घबराकर पुत्र की ओर देखा।

पुत्र गया और डॉक्टर को बुला लाया। डॉक्टर ने बताया, बड़ी बेटी का देहान्त हो चुका था और छोटी अचेत थी। उसे सचेत कर डॉक्टर लौट गया।

पिता ने पूछा, "क्या हुआ बेटी?"

"पिताजी वे ही दोनों बदमाश घर में घुस आये थे।" बेटी ने बताया, "उन्होंने हमारे साथ ज्यादती करनी चाही तो दीदी उनसे जूझ गयी। उन्होंने दीदी के साथ बलात्कार किया और उसका गला घोंटकर मार डाला।"

"और तुम्हारे साथ?"

"मेरे साथ भी।"

पिता ने पुलिस में सूचना दी। पुलिस आयी।

"हुआ यह है साहब!" पिता ने बताना आरम्भ किया।

"हमें मालूम है।" पुलिस ने कहा, "पुलिस को सब मालूम होता है।"

"तो?" पिता ने पूछा, "आप उन्हें पकड़ते क्यों नहीं?"

"पकड़ लेंगे। इतनी हड़बड़ी क्या है? कहीं भागे जाते हैं वे।" पुलिस ने शान्त मन से कहा, "तुम बताओ रपट में क्या लिखाना चाहते हो?"

"जो हुआ है, वही लिखिये।"

"रपट में वह नहीं लिखा जाता, जो होता है।" पुलिस ने बताया।

"तो वह लिखिये, जो मैं कहता हूँ।"

"वह लिखने का लाभ?" पुलिस ने पिता को झिड़क दिया, "दो धनी, सम्भ्रान्त और देशभक्त पिताओं के पुत्र कारागार में चले जायेंगे।"

"उन्हें वहीं जाना चाहिए।" पिता तड़पकर बोला, "उन्हें तो फाँसी होनी चाहिए।"

"वह तो हो जायेगी।" पुलिस ने बताया, "हमें चिन्ता तो तुम्हारी है।"

पिता बौड़म-सा पुलिस की ओर देखता रहा। उसकी समझ में कुछ नहीं आया।

"तुम्हारी बदनामी होगी।" पुलिस ने बताया, "बड़ी तो मर ही गयी है। छोटी का विवाह नहीं होगा। सारी उमर कुँवारी बैठी तुम्हारी छाती पर मूँग दलती रहेगी। और फिर कौन कह सकता है कि फिर कोई तुम्हारी चारदीवारी फाँदकर नहीं आयेगा और तुम्हारी छोटी बेटी के साथ फिर वही नहीं होगा।"

पिता ने पुलिस के स्वर की धमकी को पहचाना, "जो हो। उन दुष्टों को दंडित तो होना ही चाहिए।"

"वह तो हो जायेगा।" पुलिस ने हँसकर कहा, "पर जिनके बेटों को तू फाँसी लगवायेगा, वे क्या तेरे बेटे को छोड़ देंगे? मलूक-सा तो लड़का है तेरा।"

इस बार बाप का दिल दहल गया, "तो?"

"तो यह कि बेटी से बयान दिलवा दे कि इसकी उन लड़कों से आशनाई थी। इसने ही उन्हें बुलाया था। बड़ी बहन ने उन्हें देख लिया और शोर मचाना चाहा तो छोटी ने लज्जा और भय के मारे एक प्रकार के दौरे में बड़ी का मुँह दबा दिया। बस उसका दम घुट गया।"

"क्यों? क्यों ऐसा बयान दिलवा दूँ?" पिता बिफर गया।

"इसलिए कि छोटी अभी वयस्क नहीं है। नाबालिग है। वैसे भी उसका इरादा हत्या का नहीं था। इसे सजा होगी नहीं या थोड़ी होगी। उसे माफ करा देंगे। यह जेल से बाहर आयेगी तो वह लड़का इससे ब्याह कर लेगा।" पुलिस ने बताया, "जो मर गयी उस पर मिट्टी डाल। छोटी का बिना पैसे का धनी घर में ब्याह हो जायेगा और बेटा दहेज में जीवित बच जायेगा। आगे तेरी मर्जी। हम तो वही लिख देंगे, जो तू कहेगा।"

पिता ने बहुत सोचा। पत्नी से भी परामर्श किया। बेटे से भी पूछा। अन्त में बोला, "आप से बड़ा हितैषी और कौन है हमारा। आप जो कहेंगे, वहीं बयान दिलवा दूँगा।"

लोकार्पण

प्रकाशक-1 का फोन आया कि मेरी पुस्तक छप गयी है और उसका लोकार्पण पुस्तक मेले में 11 फरवरी को पाँच बजे होगा। मैंने स्वीकृति दे दी। न देता तो क्या करता। लोकार्पण तो मेरी अनुपस्थिति में भी हो जाता। भारत में कहाँ लोक नहीं है और अर्पण तो सदा ही स्वीकार्य होता है।

तभी एक नवलेखक का फोन आया कि वे चाहते हैं कि मैं उनकी पुस्तक का विमोचन पुस्तक मेले में प्रकाशक-2 के स्टॉल पर कर दूँ। मैंने सहमति दे दी। सोचा पाँच बजे अपनी पुस्तक का लोकार्पण करवाने जाना ही है। इसे चार बजे का समय दे देते हैं। समय निश्चित हो गया।

रात को मध्य प्रदेश से एक लेखक मित्र का फोन आया कि उनकी पुस्तक भी छप गयी है। वे उसका विमोचन करवाने रात की गाड़ी से दिल्ली पहुँच रहे हैं। मैं यदि उनकी पुस्तक का विमोचन पुस्तक मेले में प्रकाशक-3 के स्टॉल पर कर दूँ तो मेरी बड़ी कृपा होगी। मैंने उन पर भी कृपा कर दी और साढ़े तीन बजे का समय रख दिया।

अगले दिन एक मित्र का फोन आया कि प्रकाशक-4 के यहाँ अनेक पुस्तकों का विमोचन होना है, वे चाहते हैं कि उनमें एक पुस्तक का विमोचन मैं कर दूँ। प्रकाशक सीधे मुझसे बात करने से घबराते हैं, इसीलिए प्रकाशक के स्थान पर वे फोन कर रहे हैं। मैं उन्हें मना कर नहीं सकता था। साढ़े चार बजे का समय तय हो गया।

ग्यारह फरवरी को मैं दोपहर को मेले में पहुँच गया। अपने प्रकाशक के यहाँ गया। वे मुझे देखकर घबराये और चहक उठे। पुकार-पुकारकर अपने कर्मचारियों को आदेश दिया। मुझे जो कुछ भेंट कर सकते थे, कर दिया और कॉफी भी पिला दी। मैं समझ गया कि वे चाहते थे कि अब मैं वहाँ से खिसक जाऊँ। उनके यहाँ कोई विमोचन होनेवाला था। वह एक ऐसे लेखक करनेवाले थे, जो मुझे देख नहीं सकते थे और मैं उनको नमस्कार करना भी पसन्द नहीं करता था। द्वेष के बिना साहित्यकार कैसा? हम दोनों के द्वेष में बेचारा प्रकाशक परेशान था। विमोचन के लिए उसको बुलाया था, इसलिए

मुझे आमन्त्रित भी नहीं किया था। अब संयोग से मैं आ गया था। ऐसा न हो कि मेरी उपस्थिति में वे दूसरे दुर्जन आ जायें और हम दोनों उस स्टॉल पर ही भिड़ जायें। इसलिए मेरा सत्कार कर मुझे विदा करना चाहते थे।

मैं चल पड़ा। मैं भी उस मनहूस की सूरत नहीं देखना चाहता था किन्तु यह कामना मन में ही रह गयी कि अपने प्रकाशक से पूछ पाता कि अपने स्टॉल पर उसने कुछ दूसरे लेखकों के पोस्टर लगाये थे तो मेरा पोस्टर क्यों नहीं लगाया। पर सोचा, यह सब पूछने के लिए रुकता तो वह दूसरा विमोचनकर्त्ता लेखक भी आ जाता। उसका महत्त्व मैं सह नहीं पाता। अपना ही खून जलाता न। प्रकाशक तो व्यापारी है, उसे तो मुझे भी प्रसन्न रखना है और उसे भी। मैं रुष्ट होता तो उसका एक बिकनेवाला लेखक हाथ से चला जाता। मेरा विरोधी रुष्ट होता तो प्रकाशक के हाथ से पुस्तक खरीद करवानेवाला निकल जाता। लेखकों की लड़ाई में प्रकाशक बेचारा नाहक ही मारा जा रहा था।

मुझे मार्ग में एक प्रकाशक ने बाँह पकड़कर रोक लिया। उसने कभी ढंग से मेरी पुस्तक की रॉयल्टी नहीं दी थी, इसलिए मुझसे बचता फिरता था; किन्तु आज उसने स्वयं मेरा मार्ग छेककर मुझे रोका था।

"आपकी पुस्तकों का बिक्री विवरण लाया हूँ।" उसने कहा।

मैं चकित रह गया।

विवरण हाथ में लेकर देखा : पिछले पाँच-छह वर्षों का विवरण था। किसी वर्ष में दो प्रतियों की बिक्री दिखायी गयी थी, किसी में चार की। सबसे अधिक बिक्री पाँच पुस्तकों की थी।

"आपके यहाँ मेरी पुस्तक नहीं बिकती।" मैंने कहा, "आप इसके अधिकार मुझे लौटा क्यों नहीं देते?"

वह हँसा, "कम-से-कम हमारी सूची में आपका नाम तो है।"

अर्थात् वह मेरी पुस्तक लौटायेगा भी नहीं और उसकी रॉयल्टी भी नहीं देगा।

"एक बिल है।" उसने कहा।

मैंने देखा मेरे नाम पर एक बड़ा बिल दिखा रखा था। पिछले किसी मेले में उन्होंने वह पुस्तक मुझे भेंट की थी। बाद में विचार बदल दिया होगा। लिखा था कई वर्षों से बिल का भुगतान नहीं हुआ था। मैं समझ गया कि अगले कई वर्षों तक मेरी रॉयल्टी उसी बिल के खाते में जायेगी। खाता था या अन्धा कुँआँ था, उससे रॉयल्टी उबर ही नहीं पाती थी।

मैंने पहला विमोचन किया। मिठाई खायी। दो-चार शब्द कहे और चित्र खिंचवाकर चल पड़ा। दूसरे प्रकाशक के यहाँ एक मुझ से भी वरिष्ठ लेखक

बुला लिये गये थे। वे कुछ रूठे हुए थे। शायद इसलिए कि उनकी उपस्थिति में भी लोकार्पण मैं क्यों कर रहा था। मैं भी सोच रहा था कि जब उनको भी बुलाना था तो मुझे ही क्यों बुला लिया? व्यंग्य की पुस्तक थी। मैंने दो-चार वाक्य व्यंग्य की शैली में बोल दिये और दस-बीस लोगों को रुष्ट कर भागता हुआ अगले प्रकाशक के पास पहुँचा।

मुझे देखते ही वे बोले, "अरे कोहली साहब! लोकार्पण कार्यक्रम तो हो गया।"

"मैंने घड़ी उनके आगे कर दी। मैं ठीक समय पर आ गया था। किन्तु कुछ लेखक मुझसे पहले भी वहाँ पहुँच गये थे। एक टी.वी. कैमरा भी उपस्थित था। इसलिए लोगों को लोकार्पण की जल्दी मच गयी। मेरी प्रतीक्षा करते तो शायद मेरा भी चित्र आ जाता। उनको कुछ सिमटना पड़ता। क्यों सिमटते वे। मेरे आने से पहले ही फैल गये।

मैं मिठाई खाने के लिए भी नहीं रुका। खाता तो मुँह कड़वा हो जाता। वे प्रकाशक पहले भी मुझसे घबराये हुए थे। अब तो सोच लिया कि मैं ही उनसे घबरा जाया करूँगा।

अन्त में अपनी पुस्तक का लोकार्पण करवाने पहुँचा। कुछ लोग आसपास से घिर आये थे और सजी हुई पुस्तकों को देखते हुए लोकार्पण की प्रतीक्षा कर रहे थे। सहसा घड़ी देखकर उस प्रकाशन के अधिकारी महोदय ने पुस्तक का बँधा बंडल उठाया और एक भी शब्द बोले बिना उसे लोकार्पणकर्ता के सम्मुख कर दिया। डॉ. साहब ने अपनी शालीनता में चुपचाप रिबन खोलकर पुस्तक का लोकार्पण कर दिया। बर्फी का डब्बा घूम गया तो पता चला कि लोकार्पण हो गया। जो लोग नहीं आये थे, वे तो नहीं ही आये थे। जो आये हैं वे बेचारे भी खड़े रह गये। उनकी पीठ पीछे लोकार्पण हो गया। पता चला कि कैसे बड़े-बड़े काम गुपचुप ही हो जाते हैं। डॉ. साहब उस पुस्तक पर कुछ कहना चाहते थे; किन्तु अधिकारी महोदय ने उनके हाथ में कॉफी का प्याला पकड़ाकर उन्हें चुप रहने पर बाध्य कर दिया।

किसी ने कहा, "पुस्तक मेले में लोकार्पण बड़ा अनुकूल रहता है। न हॉल लो। न किराया दो। न किसी को निमन्त्रित करो। न विमोचनकर्ता को आने-जाने का किराया दो। बस एक लेखक को बुला लो। एक विमोचनकर्ता पकड़ लो। बहुत हुआ तो एक किलो बर्फी मँगवा लो। धूमधड़ाके से विमोचन हो जाता है। लेखक का मुँह बन्द करने का इससे अच्छा मार्ग और क्या हो सकता है।"

चोरी की रपट

"रामलुभाया के घर चोरी हो गयी।" पत्नी ने बताया।

सुनते ही मैं विचलित हो उठा, "अभी पिछले महीने ही तो उनके घर चोरी हो चुकी है। अब फिर?"

"तो क्या यह कोई नियम है कि जिसके घर में पिछले महीने चोरी हुई है, उसके घर इस महीने नहीं होगी।" मेरी पत्नी ने मुझे डपट दिया।

मैं समझ गया कि मेरी सहानुभूति को मेरी पत्नी ने विधान से जोड़ दिया है। विधान से जुड़ने के पश्चात सहानुभूति के लिए कोई स्थान नहीं रह जाता।

"नहीं! मेरा अभिप्राय यह नहीं था।" मैंने अनजाने में ही सफाई देनी आरम्भ कर दी, "मैं यह कहना चाहता था कि एक ही घर में चोर बार-बार तो नहीं आते। और भी तो घर हैं नगर में।"

"तुम तो ऐसे कह रहे हो, जैसे तुम जानते हो कि ये वे ही चोर हैं, जिन्होंने पिछली बार चोरी की थी।" पत्नी ने कहा, "क्या उन्हें यह बताना तुम्हारा काम है कि अगली बार वे किसके घर चोरी करें?"

पत्नी की इस पुलिसिया पड़ताल से मैं घबरा गया। कहीं इसकी भनक पुलिस या रामलुभाया को लग गयी तो अगले ही क्षण मैं हवालात में पड़ा दिखायी दूँगा।

"नहीं...।" मैंने अपना वाक्य अधूरा छोड़ दिया।

"देखो, यदि चोरों को पिछली बार पर्याप्त माल नहीं मिला होगा, तो वे उसकी दूसरी किस्त वसूलने आये होंगे।" पत्नी ने निश्चित स्वर में कहा, "और यदि उन्हें पिछली बार पूरा माल मिल गया होगा, तो इस बार उनसे यह जानकारी प्राप्त कर कि रामलुभाया के घर काफी माल होता है, नये चोर आये होंगे।"

मैं पत्नी की दृढ़ता से डर गया किन्तु उससे यह पूछने का साहस नहीं कर सका कि वह यह सब कैसे जानती है? उसे अपराध विज्ञान का इतना ज्ञान कैसे है?

पर रामलुभाया के घर जाना आवश्यक था। पड़ोसी के घर बार-बार चोरी हो रही हो, और हम चोरी-चर्चा के लिए भी न जायें, इससे बड़ी सामाजिक

अभद्रता और क्या हो सकती है।

मैं रामलुभाया के घर पहुँचा।

"सुना तुम्हारे घर फिर चोरी हो गयी।" मैंने शोकपूर्ण मुद्रा बनाकर कहा, "लगता है, शेर के मुँह खून लग गया है।"

"होगा कुछ भी।" उसने बड़ी उदासीन मुद्रा में कहा, जैसे उसे इससे कुछ भी लेना-देना न हो।

"घर में बहुत माल रखते हो क्या?" बहुत देर से मन में घुमड़ रहा प्रश्न मेरी जिह्वा पर आ ही गया, "या चोरों को कोई भ्रम हो गया है कि तुम बहुत मालदार आसामी हो।"

"नहीं! उन्हें मालूम हो गया है कि मैं ही इस मुहल्ले का सबसे दीन-हीन और असहाय व्यक्ति हूँ।" वह बोला, "मैं उनका कुछ भी नहीं बिगाड़ सकता।"

'मैं समझा नहीं।"

उसने मुझे समझाने का कोई प्रयत्न नहीं किया।

"पुलिस में रपट लिखवायी?" मैंने बात आगे चलायी।

"नहीं!"

"क्यों?"

"अरे अभी तो पिछली रपट को ही भुगत रहा हूँ।"

"क्या मतलब?"

"पिछली चोरी हुई थी तो मैंने थाने में रपट लिखवायी थी।" रामलुभाया ने कहा, "पुलिसवालों को स्पष्ट बता दिया था कि मेरी दस एक हजार रुपयों की चीज़ें गयी हैं। वे रपट लिख लें और हमें प्रथम सूचना रपट की प्रतिलिपि दे दें, ताकि हम बीमेवालों से उसकी भरपाई करवा सकें। मुझे न तो पुलिस की छानबीन से कुछ लेना था और न ही चोर को पकड़वाकर उसे दंड दिलवाने में मेरी कोई रुचि थी।..."

"तो?"

"तो यह कि उन्होंने यह कहकर अभी तक मुझे रपट की प्रतिलिपि नहीं दी है कि अभी छानबीन चल रही है। छानबीन पूरी होने पर वे मुझे रपट की प्रतिलिपि देंगे। और...।"

रामलुभाया का मुँह ऐसा था, जैसे कच्ची नीम चबा गया हो।

"और?" मैंने पूछा।

"हर दूसरे दिन छानबीन के बहाने थाने से कोई आ जाता है—कभी सिपाही, कभी दो फीतिया सिपाही, कभी तीन फीतिया सिपाही, कभी ए.एस.आई., कभी सब इंस्पेक्टर... कोई-न-कोई आया ही रहता है।"

"तो इसमें क्या बुरायी है?" मैंने कहा, "इसका अर्थ है कि पूरा-का-पूरा थाना तुम्हारे घर हुई चोरी में रुचि ले रहा है और वे शीघ्र ही चोर को पकड़ लेंगे। तुम्हें तो प्रसन्न होना चाहिए।"

"प्रसन्न ही हूँ।" वह रुआँसी हँसी हँसा, "कि थानेवालों के लिए मेरा घर सड़क किनारे का ढाबा हो गया है। जिसको चाय की तलब उठती है या कुछ खाने का मन होता है, वह मेरे घर की घंटी दबा देता है। आता है, बैठता है, पानी पीता है, चाय पीता है, साथ में कुछ चना-चबेना भी टूँगता है। मिठाई हो तो अधिक प्रसन्न होता है। और फिर यह तसल्ली देकर कि चोर शीघ्र पकड़ा जायेगा, चला जाता है।"

मैं कुछ अवाक् था और कुछ रुद्धवाक्य! कुछ भी कह नहीं सका।

"अब ऐसे में मैं दूसरी चोरी की रपट लिखवा दूँ तो मेरी पत्नी तो दिन-भर पुलिसवालों के आतिथ्य में ही लगी रहेगी। दिन-भर गैस पर चाय ही चढ़ी रहेगी।"

"हूँ!" मैंने गम्भीर स्वर में कहा, "रामलुभाया! अब यह चुनाव तो तुम्हें ही करना है कि दूसरी चोरी की रपट लिखवाकर पुलिसवालों के चाय पानी का प्रबन्ध करते रहो अथवा रपट न लिखवाकर अपने घर तीसरी चोरी करवा लो।"

"तीसरी चोरी?" वह चौंका।

"तुम दूसरी चोरी की रपट नहीं लिखवाओगे, तो पुलिस को भी पता चल जायेगा और उनके माध्यम से चोरों को भी कि तुम्हारे यहाँ चोरी करना बहुत सुरक्षित काम है। तुम उसकी रपट तक नहीं लिखवाते हो। उस चोरी में न तो पुलिस को ही कोई काम करना पड़ेगा, न चोर को ही पकड़े जाने का भय होगा।"

रामलुभाया ने मेरी ओर ध्यान से देखा और फिर या तो माथे पर अपना हाथ दे मारा या फिर हाथ पर माथा पटक दिया।

श्रद्धा और भक्ति

रामलुभाया बहुत क्षुब्ध था। लगता था या तो रो पड़ेगा या फिर अपने अधरों को अपने ही दाँतों से काट खायेगा। मैं देख रहा था, वह बार-बार अपना मन काम में लगाने का प्रयत्न कर रहा था किन्तु उसका मन था कि बार-बार पटरी से उतर जाता था।

"क्या हो गया रामलुभाया?" मैंने पूछा।

"मैंने कहा कि कुछ हुआ है?" वह मुझे ही फाड़ खाने को दौड़ा।

"तुमने तो नहीं कहा है।" मैं बोला, "किन्तु जिसकी भी आँखें हैं, वह देख सकता है कि तुम्हारा मन क्षुब्ध है।"

"तुम अपनी आँखों से मेरे मन का क्षोभ देख सकते हो—तुम्हारी आँखें हैं या एक्स-रे की मशीन?" उसने हँसने का प्रयत्न किया, पर हँसी उसके अधरों पर नहीं आयी। उसके होंठों पर जमी कड़वाहट इतनी मुखर थी कि वह उसको खा ही नहीं पा रहा था।

"बोलो! बोलो! क्या हुआ?"

"हुआ क्या। कल रात एक विवाह में गया था।..."

"दुल्हन कोई और ले गया और तुम अपने दाँतों से अपने होंठ काटते रहे।" मैंने वार्तालाप की बोझिलता कम करने का प्रयत्न किया, "अब इस अवस्था में तो यही होगा, रामलुभाया! कोई संयोगिता तुम्हारी मूर्ति के कंठ में जयमाला नहीं डालेगी।"

"यहाँ कौन पृथ्वीराज चौहान बैठा है कि संयोगिता को खोजता फिरे।" रामलुभाया बोला, "मेरा क्षोभ यह नहीं है कि दुल्हन किसी और की हो गयी। वह तो होना ही है। जो मेरे लिए थी, उसे मैं कब से अपने घर ले आया हूँ। अब तो..."

"खैर छोड़ो। क्या हुआ?"

"हमारे पड़ोस में एक महिला हैं। अध्यापिका हैं। पति किसी समय विश्वविद्यालय में पढ़ाते थे। उनका देहान्त हो चुका है। तो वे महिला अपनी पुत्री के विवाह का निमन्त्रण देने आयी थीं।..."

"इससे क्षुब्ध हो कि वे निमन्त्रण देने क्यों आयी थीं?"

"नहीं।" रामलुभाया बोला, "वह तो पुरानी बात है। तब उन्होंने कहा था कि उनके मन में मेरे प्रति बहुत सम्मान है। सम्मान नहीं, श्रद्धा है। उनके साथ आयी महिला ने कहा कि श्रद्धा भी नहीं, उसे तो भक्ति ही कहा जा सकता है। इसीलिए वे चाहती थीं कि मैं उनकी पुत्री को आशीर्वाद देने अवश्य आऊँ, नहीं तो उनकी कन्या तृषित ही रह जायेगी।"

"तो?"

"अरे भाई मैं उसके पाखंड में आ गया। सोचा, बेचारी पतिविहीना, अकेली ही साहस से पुत्री का विवाह कर रही हैं। और तो हम कुछ कर नहीं सकते, नैतिक समर्थन के रूप में विवाह में जाकर खड़े तो होना ही चाहिए। तो चल पड़े हम विवाह में सम्मिलित होने।"

"तो उन्होंने अच्छा खाना नहीं खिलाया?"

"ऐसी-तैसी खाने की। वहाँ पहुँचे। तीसरे तल पर पार्टी थी। और वहाँ हुड़दंग मचा हुआ था, जैसे भूचाल आ गया हो, लोगों के घर टूट-टूटकर गिर रहे हो। लोग अपने फेफड़ों का पूरा दम लगाकर अपने-अपने प्यारों को पुकार रहे हों। कोहराम मचा हुआ था।"

"कोहराम?"

"हाँ! वह 'पंजाबी मुंडा'वाले गाने इतनी जोर के लगा रखे थे कि कान फटे जाते थे। किसी से कोई बात नहीं कर सकती थी। सिर भन्ना रहा था। मुझे वे दिखायी पड़ी तो मुझसे बधाई भी नहीं दी गयी। मैं बोला, 'बहुत शोर है।' वे मुस्करायी, जैसे मैंने उनकी प्रशंसा की हो। 'मेरी बात तो कोई मानता ही नहीं।' वे प्रसन्न थीं कि उनकी बात कोई नहीं मानता। मुझसे उनकी वह राक्षसी प्रसन्नता देखी नहीं गयी। बोला, 'आप जब चाहें इस शोर को रोक सकती हैं। आप मालकिन हैं।' वे नहीं मानीं, बोली, 'नहीं मानते जी। वे तो मुझे भी खींचते हैं कि मैं भी उनके साथ नाचूँ।' मैं चुप हो गया। कौन खींचता है, इस महिला को नाचने के लिए?... मुझे क्या लेना-देना था कि कौन उनके साथ नाचना चाहता है और किसके मन की कोयल उनको देखकर कूकने लगती है।..."

"नहीं मानते होंगे भाई।" मैंने कहा।

"उनकी कोई नहीं सुनता तो वे उठकर हमको निमन्त्रित क्यों करने आयी। जिसकी सुनी जाती है, उसी को भेजती। इस प्रकार लोगों को निमन्त्रित कर उन्हें हुड़दंगी शराबियों की दया पर छोड़ देना कहाँ की शालीनता है? लोगों को इस प्रकार अपने घर बुलाकर अपमानित करना कहाँ की मानवता है—वह भी कन्या के

पाणिग्रहण संस्कार के पवित्र अवसर पर?"

"पर वे कर भी क्या सकती थीं।" मैंने उस महिला का बचाव किया, "पुत्री का विवाह भी उन्हें करना था और लोगों को विवाह में निमन्त्रित भी करना था।"

"तो तभी बतातीं कि वे वहाँ बुला रही हैं, जहाँ के शोर से मेरे कानों के पर्दे फट जायेंगे। वहाँ खड़ा रहा तो कान बहरे हो जायेंगे। सिर भन्नाने लगेगा। वहाँ ठहरना भी मेरे लिए कठिन होगा। तब तो श्रद्धा और भक्ति की बात करती रहीं।"

"भई होता है। कई बार होता है।" मैंने कहा, "कोई नहीं मानता। बाध्य होकर यह सब सहना पड़ता है।"

"जानता हूँ। जानता हूँ।" रामलुभाया बोला, "मेरा मित्र है नरेन्द्र मौर्य। हमारे वर्षों से पारिवारिक सम्बन्ध हैं। उसके मन में भी मेरे लिए श्रद्धा है। उसकी पुत्री का विवाह तय हुआ तो उसने उसकी सूचना भी नहीं दी। जब मुझे सूचना मिल गयी और मैंने उससे कारण पूछा, तो उसने कहा, 'भाई साहब! जहाँ सम्बन्ध तय हुआ है, वहाँ दारू भी चलेगी। लड़केवालों की इच्छा के अनुसार दहेज भी दिया जायेगा। मैं कुछ नहीं कर सकूँगा। बैठा देखता रहूँगा। उन सब लोगों के बीच आपको कहाँ बुलाता। इसलिए आपको सूचना ही नहीं दी।"

अपराध और साम्प्रदायिकता

मन्त्रीजी का फरमान फोन के रूप में आया, "तत्काल मेरे घर आओ।"

रामलुभाया की समझ में आ गया कि यह निमन्त्रण उसके सुख का कारण नहीं हो सकता, चाहे निमन्त्रण मन्त्रीजी का ही क्यों न हो। यह निश्चय ही किसी परेशानी का अंकुर था।

मन्त्रीजी के घर के फाटक से लेकर उनके शोभनकक्ष तक सब जानते थे कि रामलुभाया आ रहा है। वे सब उसकी प्रतीक्षा कर रहे थे और वह तत्काल मन्त्रीजी को इस प्रकार परोस दिया गया, जैसे भोजन करते हुए किसी माननीय अतिथि के सामने तवे से उतरता हुआ गरम फुल्का, या कढ़ाई में से तत्काल निकाली गयी फूली हुई पूरी।

मन्त्रीजी का चेहरा गोलगप्पे के समान फूला हुआ था।

रामलुभाया ने देखा कि उनके सामने की मेज पर उसके द्वारा सम्पादित समाचारपत्र भी रखा हुआ है।

"यह सब क्या छाप रहे हो?" उन्होंने रोषपूर्वक पूछा।

इससे पहले कि वह कोई उत्तर देता, वे पुनः बोले, "साम्प्रदायिकता फैला रहे हो?"

'साम्प्रदायिकता!' रामलुभाया चौंका, 'यह तो वह गाली थी, जो उनके शत्रु मन्त्रीजी को दिया करते थे। अब उन्होंने भी वही गाली दूसरों को देनी आरम्भ कर दी।

"यह एक समाचार है।" रामलुभाया ने साहस कर कहा, "एक अपराध हुआ है। जघन्य अपराध। एक पत्रकार के नाते मेरा कर्तव्य है कि मैं उसकी सूचना अपने देश और समाज को दूँ।"

"यह अपराध है। इसको अपराध कहते हैं?" उन्होंने उसे डाँटा, "एक पुरुष एक स्त्री को ले गया और उसके साथ निकाह कर लिया। यह अपराध है?"

"अपराध नहीं है?" रामलुभाया ने भी कमर कस ली, "एक गुंडा दिनदहाड़े, एक स्त्री को सबके सामने उसकी इच्छा के विरुद्ध बलात् घसीटकर ले जाता है और उससे निकाह कर लेता है। यह अपराध नहीं हुआ? उस समाचार को छापना साम्प्रदायिकता हो गयी?"

"हाँ! यह साम्प्रदायिकता हुई।" मन्त्रीजी बिफरकर बोले, "अपराध यह तब होता, जब वह पुरुष उस महिला को घसीटकर ले जाता और उसकी इच्छा के विरुद्ध उससे विवाह कर लेता।"

"मुझे इन दोनों का अन्तर समझ में नहीं आया।" रामलुभाया ने कहा, "वही तो हुआ है, जो आपने कहा।"

"तुम लोग अन्तर तो समझते नहीं हो और पत्रकार बन बैठते हो—यही तो कठिनाई है।" मन्त्रीजी बोले, "समझोगे नहीं, तो भेद कैसे करोगे? भेद नहीं करोगे तो साम्प्रदायिकता और अपराध का अलग-अलग विभाजन कैसे करोगे। नहीं समझोगे तो फिर गलत-सलत चीज़ें छापोगे। समाज में साम्प्रदायिकता फैलाओगे और सेकुलर फोर्सेस को दुर्बल करोगे। देश को बाँटोगे। टुकड़े-टुकड़े कर दोगे। और फिर भारत माता की जय बोलते हो।"

"मुझे आपकी बात समझ नहीं आ रही है।" रामलुभाया ने पुनः कहा, "एक स्त्री को दिनदहाड़े उसकी इच्छा के विरुद्ध घसीट ले जाना अपराध नहीं है क्या? यह अपहरण नहीं है? और ऐसा विवाह बलात्कार नहीं है?"

"यही तो कह रहा हूँ।" मन्त्रीजी इस बार कुछ प्रसन्न दिखे, "विवाह बलात्कार भी है और अपराध भी है।"

"अर्थात्?"

"अर्थात् तुम दिखा रहे हो कि वह गुंडा मुसलमान है, क्योंकि वह निकाह कर रहा है। दिखा रहे हो या नहीं?"

"मैं दिखा नहीं रहा हूँ, वह छाप रहा हूँ जो हुआ है।"

"उसे बाद में देखेंगे।" मन्त्रीजी बोले, "पहले हम कुछ मुद्दे स्पष्ट कर लें। यदि समाचार यह छापा जाये कि गुंडा मुसलमान है और स्त्री हिन्दू है, तो यह साम्प्रदायिकता होती है, उससे देश की हानि होती है।... और यदि यह छापा जाये कि गुंडा हिन्दू है और वह अपहृत महिला मुसलमान है—तो यह अपराध का समाचार है। कितनी करुण कथा है एक बेचारी बेसहारा मुसलमान स्त्री को एक हिन्दू गुंडा घसीटकर ले गया और उसे किसी ने नहीं बचाया।"

रामलुभाया का तेज जागा। बोला, "मन्त्री महोदय! अपराध यह है कि एक गुंडे ने एक असहाय स्त्री का अपहरण कर उससे बलात् विवाह कर लिया, ताकि वह उससे आजीवन बलात्कार कर सकने का अधिकार पा जाये। यह अपराध है। उसमें स्त्री या पुरुष के हिन्दू या मुसलमान होने से कोई फर्क नहीं पड़ता। अपराध, अपराध ही रहता है—व्यक्ति के धर्म या जाति से अपराध कुछ और नहीं हो जाता। उसको अपराध और साम्प्रदायिकता में विभाजित करनेवाली आपकी राजनीतिक दृष्टि है, जो अपराधिनी है। पहले तो आपको इस दृष्टि

को मृत्युदंड मिलना चाहिए, नहीं तो इस देश में अपराध होते रहेंगे और आप उसे साम्प्रदायिकता के तराजू में तौलते रहेंगे।"

"उसे छोड़ा।" मन्त्रीजी बोले, "क्या यह घटना सचमुच घटी है?"

"यह प्रश्न आपको पटना की पुलिस से पूछना चाहिए।"

"उसकी आवश्यकता नहीं है। जब राजनीतिक नेता ही नहीं जानता तो पुलिस बेचारी क्या जाने। पुलिस तो तब जानती है, जब हम उसे जानने का आदेश देते हैं।" वे बोले, "यदि यह घटना घटी है तो और समाचारपत्रों ने क्यों नहीं छापा? तुमने ही क्यों छापा?"

"नहीं छापा। वे समाचारपत्र सेकुलर हैं। उनकी दृष्टि में भी आपके ही समान, एक धर्म की स्त्रियों का बलात्कार, अपराध होता है, दूसरे धर्म की स्त्रियों का बलात्कार साम्प्रदायिक प्रचार होता है।" रामलुभाया रुका, "वैसे आपकी सूचना के लिए बता दूँ कि आपके विरोधी समाचारपत्रों में भी यह समाचार छपा है।"

"उन्हें छापने दो।" मन्त्रीजी बोले, "तुम हमारी पार्टी के समाचारपत्र के सम्पादक हो। तुम साम्प्रदायिकता के प्रचार से दूर रहो। इसे मेरी ओर से चेतावनी समझना।"

रामलुभाया उठकर खड़ा हो गया, "नमस्ते।"

"और सुनो। पत्रकारिता का एक गुर मुझसे सीख जाओ।" मन्त्रीजी ने उसे रोककर कहा, "स्त्रियों का बलात्कार एक अत्यन्त स्थानीय मुद्दा होता है। उसे हमारे जैसे राष्ट्रीय समाचारपत्र में छापने का वैसे भी कोई औचित्य नहीं है। ऐसी बातें हमें शोभा नहीं देतीं।"

गुलाबों की गन्ध

प्रातः आँख खुली तो रामलुभाया के घर के खिड़की-दरवाजा, कपाट-गवाक्षों, यहाँ तक कि गन्दे पानी की निकासी की नालियों से भी चीखती-चिल्लाती, आहत और अपमानित आवाजें बाहर आती सुनायी दीं।

मैं पति-पत्नी के झगड़े के अधिकार का तनिक भी विरोधी नहीं हूँ। वे जितना चाहें, लड़े, झगड़ा करें, एक-दूसरे को छोड़ जाने और घर से निकाल देने की धमकियाँ दें। चाहें तो मर्यादा के भीतर रहकर मारपीट भी कर लें।...पर इन सबके लिए भी तो कोई समय होता है। इस ब्राह्ममुहूर्त में ही शुरू हो गये ये लोग। अभी तो परम भागवत लोग मन्दिर जाने के लिए भी नहीं उठे, और इन लोगों ने अपने प्रेम का पारायण आरम्भ कर दिया। इनको समय की मर्यादा का कुछ भी ध्यान नहीं है क्या? अमरीका से आये होते तो भी मैं स्वयं को समझा लेता कि अभी उनका जेट लैग चल रहा है। अभी वे यहाँ के समय के अभ्यस्त नहीं हुए हैं। हमारा ब्राह्ममुहूर्त अमरीका के कई क्षेत्रों के लिए उनकी रात्रि का दूसरा प्रहर होता है; और पति-पत्नी के महाभारत के लिए वही आदर्श समय है।...पर रामलुभाया के साथ तो वैसी भी कोई बात नहीं थी।

थोड़ी देर में किसी ने हमारा कपाट थपथपा दिया। मैं उठ बैठा। दूधवाला आ गया होगा या फिर रामलुभाया ही अपनी फरियाद लेकर उपस्थित हो गया होगा। पत्नी से झगड़े की शिकायत लेकर थाने में जाने से तो रहा। पड़ोसी के घर ही तो जायेगा अपनी व्यथा-कथा सुनाने।...सम्भव है कि उसकी पत्नी ही आ गयी हो। पर नहीं। वह कभी नहीं आती। रामलुभाया ही आता है। अपनी फरियाद सुनाने के बहाने चाय भी पी जाता है; और कुछ ठीक मनःस्थिति में हो तो मेरी पत्नी की पाक कला की थोड़ी-सी प्रशंसा कर, कभी पकौड़े और कभी पराँठे भी खा जाता है। पड़ोस में झगड़ा चल रहा हो तो भले पड़ोसियों को विस्थापितों की समस्या का सामना तो करना ही पड़ता है।

मैंने कपाट खोले तो दूधवाला और रामलुभाया दोनों ही खड़े थे। मैं डर गया। कहीं दूधवाला रुष्ट ही न हो जाये कि हमने दूसरा दूधवाला भी लगा

रखा है। वह कुछ कहता, उससे पूर्व ही मैंने उसका परिचय करा दिया, "ये श्री रामलुभाया हैं। हमारे पड़ोस मे रहते हैं। दूध नहीं बेचते। कुछ और ही करते हैं।"

दूधवाले ने उसे हल्की-सी नमस्ते कर दी। सम्भव है, उसने रामलुभाया को अपने भावी ग्राहक के रूप में देखा हो।

दूधवाले को विदा कर मैंने कुछ रोष से कहा, "क्या रामलुभाया तुम भी इतनी सवेरे-सवेरे। अभी तो समाचारपत्र भी नहीं आया।"

"मैं समाचारपत्र पढ़ने नहीं आया।" वह बोला।

"अभी तो कौवा भी नहीं बोला।" मैंने मुहावरा बदल दिया।

"रात-भर मेरे घर में बोल-बोलकर थक गया है।" रामलुभाया मेरे निमन्त्रण के बिना ही सोफे पर गिर गया, "तुम्हें मेरी मुसीबत का क्या पता।"

"क्या बात है?" मुझे सहानुभूति जतानी ही पड़ी।

"पिछली रात से मेरे पीछे पड़ी है कि गुलाब के वे फूल लौटा दो।"

मेरी समझ में कुछ नहीं आया। मैं उसकी ओर देखता रह गया।

"हमारे शोभनकक्ष में एक फूलदान में गुलाबों का एक गुच्छा सजा हुआ है न!" वह बोला।

"वह जो विदेशी फूल हैं।" मैंने कहा, "नायलॉन के हैं शायद।"

"हाँ वही।" वह बोला, "कह रही है कि उसे फेंक दो या लौटा दो।"

उसने अब भी नहीं बताया था कि कौन कह रही है, किन्तु मैं समझ गया कि वह अपनी पत्नी के विषय में कह रहा है। वह उसकी चर्चा कुछ ऐसे ही अस्पष्ट रूप में करता है।

"वह तुम्हारे किसी मित्र का उपहार है शायद।"

"हाँ! मेरी एक मित्र ने मुझे मेरी वर्षगाँठ पर दिया था।" वह बोला, "अब यह पीछे पड़ गयी है कि उसे वापस कर दूँ।"

"फूल तो सुन्दर हैं। तुम्हारी पत्नी को पसन्द नहीं हैं क्या?"

"नहीं! कहती है कि उनसे मेरी बेवफाई की गन्ध आती है।"

"तो वे तुम्हें तुम्हारी किसी सखी ने दिये हैं?"

"नहीं! महिला मित्र ने।"

"तो झगड़े की जड़ तो तुमने ही घर में गाड़ रखी है।" मैं बोला, "अपनी सखियों से फूल लेकर अपने घर में सजाओगे तो पत्नी झगड़ा करेगी ही।"

"पर वे फूल तो उसने मेरी पत्नी के सामने ही दिये थे। तब यह क्यों नहीं

बोली। अब कहती है वापस कर दो।"

"तुमने उससे पूछा कि वह तब क्यों नहीं बोली?"

"हाँ! कहती है कि उसने उसे मेरे निर्णय पर छोड़ दिया था। पर अब जब मैंने उन फूलों को कूड़े में फेंकने के स्थान पर अपने शोभनकक्ष में सजा लिया है, वह उसे लौटा देने को कह रही है।" वह बोला, "अब तुम ही बताओ कि उसे लौटाऊँगा तो सखी को बुरा नहीं लगेगा?"

"नहीं लौटाओगे तो पत्नी को बुरा नहीं लगेगा?"

"तो तब ही मना कर देती।"

"सम्भव है कि उसने तुम्हारी निष्ठा को परखना चाहा हो।" मैं बोला, "और अब वह साफ-साफ देख रही हैं कि तुमको अपने घर से अपनी सखी के फूल अधिक प्रिय हैं।"

"यह कहाँ से सिद्ध हो गया?" वह बोला, "मैं अपनी पत्नी से उतना ही प्रेम करता हूँ जितना वह मुझसे करती है।"

"और अपनी सखी से उससे भी अधिक प्रेम करते हो, जबकि वह तुमसे एकदम प्रेम नहीं करती।" मैं कुछ रुष्ट होकर बोला, "कैसे मूर्ख हो रामलुभाया! तुम इतना भी नहीं समझ रहे हो कि तुम्हारी वह तथाकथित सखी पुष्पों का एक गुच्छा देकर तुम्हारी गृहस्थी नष्ट कर रही है। तुमको अपनी गृहस्थी से अधिक प्यारा वह फूलों का गुच्छा है तो तुम्हारी बेवफाई का किसी को और कोई प्रमाण चाहिए ही नहीं।"

"पर जब मैंने अपनी पत्नी से पूछा था कि फूल लूँ या नहीं तो उसने मना क्यों नहीं किया? कह दिया कि जो मेरी इच्छा है, मैं कर सकता हूँ।"

"तुम बेवफा ही नहीं, मूर्ख भी हो।" मैं बोला, "वह चाहती है कि उसके प्रति अपने प्रेम के कारण तुम स्वयं यह निर्णय लो कि तुम्हें वह फूलों का गुच्छा नहीं रखना है। और तुम इतनी-सी बात नहीं समझते। इसी से तो तुम्हारे मन का पाप प्रकट हो रहा है। तुम्हारी पत्नी तो भली स्त्री है, जो कह रही है कि फूल लौटा दो, कोई और होती तो स्वयं उन फूलों को उठाकर कूड़े में फेंक देती और तुम्हारे इन सूखे नितम्बों पर लात मारकर तुमको भी घर से निकाल देती।"

"तो अब क्या करूँ मैं? उन फूलों को रखूँ या फेंक दूँ?"

"जो मन में आये, वह करो।" मैं बोला, "पत्नी भी तुम्हारी है और सखी भी तुम्हारी है। गृहस्थी भी तुम्हारी है और फूल भी तुम्हारे हैं। निर्णय तो तुमको

करना है कि वे फूल तुम्हें अधिक प्यारे हैं या अपनी पत्नी?"

"तुम्हें तो कोई आपत्ति नहीं है?"

"मुझे क्या आपत्ति हो सकती है।" मैं बोला, "कसौटी पर तो तुम्हारी निष्ठा है। उसके खरे-खोटे होने का पता तो तुम्हारे निर्णय से चलेगा। मुझे इसमें क्या कहना है।"

वह प्रसन्न हो गया, "देखा! तुमने भी कहा न कि तुम्हें कोई आपत्ति नहीं है। फिर जाने क्यों मेरी पत्नी इतना बवंडर मचाये हुए है। सारा घर सिर पर उठा रखा है। व्यर्थ ही मेरे पीछे पड़ी हुई है। सारी रात खराब कर दी।"

आज रामलुभाया पहली बार मेरे घर आकर भी बिना चाय पिये लौट गया था। उसके मन में उसकी सखी के दिये हुए गुलाबों की गन्ध जो बसी थी।

लोभी

रामलुभाया किसी गुप्त बैठक में सम्मिलित होकर लौटा था। इस समय उसके भीतर बैठा चिन्तक क्रान्ति और मौलिकता के क्रूस पर टँगा हुआ था। पूरी शहीदी मुद्रा थी।

"लोभ ही सारे पापों की जड़ है।" उसने कहा।

मेरे लिए असहमत होने का कोई अवसर ही नहीं था। वह अभी-अभी विदेश की यात्रा से लौटा था। इस यात्रा के लोभ में उसने जाने किस-किसकी चाटूकारिता की थी। पता नहीं, अपनी विचारधारा बदली थी या नहीं, किन्तु अपना राजनीतिक दल अवश्य बदल लिया था।

"तो अपने मन के लोभ को संयत करो।" मैंने कहा, "आजकल लेखक तो मदिरा की एक बोतल में ही बिकने लगा है। अपना धर्म कहाँ से निभायेगा।"

"मैं अपनी या लेखकों की बात नहीं कर रहा।" वह मौलिकता का फन काढ़कर खड़ा हो गया, "मैं रामचन्द्र की बात कर रहा हूँ।"

"कौन से रामचन्द्र?" मैं उसके सारे परिचितों को तो नहीं जानता था।

"तुम्हारे भगवान् राम।" उसने कहा, "उनकी प्रशस्ति गा रहा हूँ।"

"पर बात तो तुम लोभ और उससे होने वाले पापों की कर रहे थे।" मैंने कहा, "यह बीच में श्रीराम कहाँ से आ गये? उनका सम्बन्ध तो इन दोनों से ही नहीं है।"

उसके मुख पर क्रान्तिकारिता की धूल उड़ी। बोला, "एक बार राजा बन गये। राजमंद का स्वाद ले लिया तो पत्नी का भी त्याग कर दिया। राज न जाये, और चाहे, किसी को भी छोड़ना पड़े। राज्य नहीं त्याग सकते थे। पत्नी को त्याग दिया।"

मैं अपने-आपसे बहुत परेशान हूँ। जब कभी अकस्मात ही कोई सर्वथा अनपेक्षित मूर्खतापूर्ण और तर्कविहीन बात सुन लेता हूँ तो मेरा मस्तिष्क स्तम्भित रह जाता है। वही स्थिति इस समय भी हुई।

"जिसके लिए तुलसी ने कहा, 'तजि बाप को राज बटाऊ की नाईं' जो अयोध्या का राज्य छोड़कर चल दिये, उन्हें राज्य का लोभ था?" मेरी तो आँखें

ही फटी की फटी रह गयीं।

"अपनी इच्छा से नहीं छोड़ा था, अयोध्या का राज्य।" वह बोला, "वह तो भरत के मामा का भय था। वन न जाते तो केकय देश की सेनाएँ आक्रमण करतीं, अयोध्या पर। भरत भी अपने मामा की ओर से लड़ता। उस गृहयुद्ध की आशंका से वन चले गये थे।"

"ओह!" मैं उसकी नयी खोज पर चकित रह गया, "जो योद्धा रावण से नहीं डरता था, वह युद्धाजित से डर गया?"

"और क्या?"

"तो जब चित्रकूट में भरत ने आकर क्षमा माँगी, लौट चलने की प्रार्थना की, कैकेयी बहुत रोयी, तब क्यों वापस नहीं आ गये?" मैंने उस अद्‌भुत इतिहासकार से पूछा, "तब तक तो युद्धाजित का भय समाप्त हो जाना चाहिए था।"

"बस नहीं आये।" वह बोला, "भरत का विश्वास नहीं हुआ होगा।"

"राज्य का लोभ था," मैंने कहा, "तो गुह का राज्य क्यों नहीं लिया? वह तो स्वयं अपना राज्य दे रहा था।"

"बस नहीं लिया। जंगल के राज्य का क्या करते? निषादों के मुखिया बनकर नाव चलाते?"

"किष्किन्धा का राज्य भी तो उनका ही था।" मैंने कहा, "वह क्यों नहीं लिया? वह तो वाली को पराजित कर उन्होंने जीता था।"

"उस राज्य में था क्या?" रामलुभाया ने कहा, "गुफाएँ और वृक्षों के कोटर। वैसे भी वह राज्य उन्होंने सुग्रीव को देने का वचन दे रखा था।"

"लोभी आदमी अपने वचन का पालन करता है?" मैंने पूछा, "तुमने अपने पैतृक मकान में अपने भाई का भाग उसे दे दिया था क्या?"

"मेरी बात छोड़ो।" वह बोला, "मैं कोई राम हूँ।"

"तो फिर राम लोभी नहीं हुए न?" मैंने कहा, "और फिर लंका का राज्य? लंका तो सोने की थी।"

"हाँ! लंका के विषय में सोचा जा सकता है।" रामलुभाया क्रान्तिकारिता की सीढ़ी से कुछ नीचे उतरकर, समझौते की मानसिकता में आ गया था, "किन्तु उन्होंने पहले ही विभीषण को लंका का राजा बना दिया था।"

"रामलुभाया!" मैंने कुछ तेज आवाज में कहा, "तुम स्वयं ही सिद्ध करते जा रहे हो कि राम को राज्य का कोई लोभ नहीं था। वे राज्य मिलने से भी पहले उसे उसके धर्मसंगत उत्तराधिकारी को सौंप देते थे।"

"पर एक बार राजा बन जाने के पश्चात् वे वैसे नहीं रहे।" रामलुभाया बोला, "उनके स्थान पर मैं होता, तो अपनी पत्नी को कभी न छोड़ता, राज्य

चाहे छोड़ देता।"

"तुम्हारा तो वैसे ही पत्नी से विवाह-विच्छेद का मुकदमा चल रहा है।" मैंने कहा, "तुम पत्नी के लिए राज्य छोड़ते?"

"पति का धर्म पहले है, राजा का बाद में।" उसने चिल्लाकर मुझे चुप कराने का प्रयत्न किया।

"सुनो।" मैंने भी उसे डाँट दिया, "क्षत्रिय राजा जहाँ अपनी पत्नी का पति होता था, अपनी प्रजा का पिता भी होता था। शासन उसका दायित्व था, अधिकार नहीं, जिसे वह अपनी इच्छा से छोड़ देता। कोई भी व्यक्ति मानवता, देश या समाजहित में कोई काम करता है, तो उसे अपने परिवार की अनदेखी करनी ही पड़ती है। और श्रीराम के लिए तो कहा ही गया है, 'स्वजन निष्ठुर।' वे जानते थे कि उनकी पत्नी निर्दोष ही नहीं पवित्रता के समान पवित्र है, फिर भी प्रजा के आक्षेप के समाधान-काल तक उन्होंने उनका प्रबन्ध वाल्मीकि आश्रम में कर दिया। यह कोई अत्यधिक महान् राजा ही कर सकता है।"

"यह भी कोई बात हुई, मैं होता तो...।"

"अपनी तुलना उनसे करने का साहस मत करो।" मैंने कहा, "इंग्लैंड के छठे जॉर्ज के बड़े भाई ने, एक स्त्री, जो राजपरिवार को स्वीकार्य नहीं थी, के लिए, अपना राज्य छोड़ा था। वह त्याग नहीं मोह था। श्रेय नहीं, प्रेय था। समाजहित नहीं, व्यक्तिगत लिप्सा थी। तुम चाहो तो उनका नाम मजनुओं की सूची में लिख सकते हो, किन्तु वे पुरुषोत्तम अथवा अवतार नहीं हो सकते।... अवतार तो वह ही हो सकता है, जो राजा का धर्म निभाने के लिए, अपनी निर्दोष पत्नी को स्वयं से पृथक् कर स्वयं भी कष्ट की ज्वाला में जलता है और अपने परिवार को भी तपाता है।... वह संसार का आदर्श है। उसके चरित्र को तुम जैसे आत्मकेन्द्रित, स्वार्थी और मन्दबुद्धि लोग नहीं समझ सकते।"

"पत्नी के लिए राज्य छोड़ देते तो क्या हो जाता?" वह बोला, "मैं होता तो राज्य छोड़ देता, पत्नी को नहीं छोड़ता। मेरा चरित्र...।"

"तुम्हारा चरित्र जानता हूँ मैं।" मैंने कहा, "राज्य तो क्या, नगर निगम के टिकट के लिए... उसे छोड़ो... पड़ोसी की पत्नी के लिए तुम अपनी पत्नी छोड़ सकते हो। लम्पटों का दायित्वबोध कौन नहीं जानता।"

ईडियट

पति, पत्नी और उनका तीन वर्षीय बेटा सागरतट की ओर जा रहे थे। पति ने घुटनों से नीचे तक की तीन चौथाई पतलून पहन रखी थी। पत्नी ने जाँघदिखाऊ निकर पहनी हुई थी। बच्चे को कुर्ता पाजामा पहनाया गया था।

"मेरे पैर मिट्टी में गड़ रहे हैं मामा!" बच्चे ने कहा।

मैं भारत के उस भावी नागरिक की भाषा सुधारना चाहता था... रेत में पैर गड़ते नहीं, धँसते हैं...

तभी उसकी माँ ने उसे टोका, "यह मिट्टी नहीं सैंड है।"

"बैंड क्या मामा? वह जो शादी में बजता है।"

"ईडियट! बैंड नहीं, सैंड।"

"क्यों बच्चे का बैंड बजा रही हो भारत माता!" मैंने कहा, "बच्चे को एक शब्द 'रेत' सिखा देतीं, तो क्या तुम्हारी नाक कट जाती?"

(16.6.2005)

किसका भोजन?

"उर्दू भी हमारी ही भाषा है।" शिक्षा के वृक्ष पर अपना घोंसला बना कर रहने वाले मेरे उस विद्वान् मित्र ने कहा।

"कैसे?" मैं पूछे बिना नहीं रह सका।

"अपने बचपन में जब हम पंजाब में पढ़ते थे, हमारी पढ़ाई उर्दू में ही होती थी।" जाने क्यों वह हँसा, "और यदि भारत स्वतन्त्र न हो गया होता, तो तुम आज भी उर्दू ही पढ़ रहे होते।"

मैं देख रहा था कि वह अपनी विद्वता का प्रदर्शन कर परम प्रसन्न था।

"तुम अपने परिवार में कौन सी भाषा बोलते हो?" मैंने पूछ लिया।

"पंजाबी।" उसने बताया।

"तुम्हारी बहन, पत्नी तथा परिवार की अन्य स्त्रियाँ तब किस भाषा में लिख-पढ़ रही थीं, जब तुम उर्दू पढ़ रहे थे?" मैंने दूसरा प्रश्न किया।

"हिन्दी। ऑफकोर्स हिन्दी।" वह बोला।

"अपनी नौकरी के लिए तुमने कौन सी भाषा पढ़ी?"

"अंग्रेजी।"

"घर में पूजापाठ जैसे धार्मिक-सांस्कृतिक कार्यों के लिए किस भाषा में काम होता है?"

"संस्कृत और हिन्दी में।" वह बोला, "पर यार तू पूछता ही क्यों जा रहा है?"

"एक प्रश्न और।" मैंने कहा, "और आज पाकिस्तान की भाषा उर्दू क्यों है? भारत के कश्मीर में पिछले साठ वर्षों से कश्मीरी, डोगरी और लद्दाखी के स्थान पर उर्दू क्यों पढ़ाई जा रही है?"

"मैं नहीं जानता।" वह बोला, "मैंने कभी इन फालतू बातों के विषय में सोचा ही नहीं। जीवन में और समस्याएँ कम हैं कि मैं इन सब प्रश्नों का बोझ भी अपने सिर पर लाद लूँ।"

मैं समझ गया कि यह विद्वान् भी उन पढ़े-लिखे लोगों में से है, जो पढ़ते हैं; किन्तु सोचते नहीं। उनके सामने जब भोजन की थाली रख दी गयी, तो

उन्होंने बिना कुछ भी सोचे-समझे, बिना कोई प्रश्न उठाए, वह सब कुछ अपना भोजन समझ कर खा लिया, जो थाली में परोसा गया था। एक बार भी जानने का प्रयत्न नहीं किया कि वह भोजन मनुष्य का खाद्य था अथवा कुत्ते का? मुगलों का शासन था तो मान लिया कि शासक मुगल ही हो सकता है। कभी महाराणा प्रताप या शिवाजी के समान यह नहीं पूछा कि हमारे देश में हम पर शासन करने का मुगलों को क्या अधिकार है? गद्दी पर अंग्रेज बैठा दिखा, तो स्वीकार कर लिया कि राज तो अंग्रेजों का ही हो सकता है। राजगुरु, सुखदेव और भगतसिंह के समान फाँसी चढ़ना तो दूर, नेता जी की आजाद हिंद फौज के समर्थन में दो शब्द कहने का प्रयत्न भी कभी नहीं किया।

"मैं बताऊँ?" मैंने अपने सम्मुख बैठे उस सरस्वतीपुत्र से पूछा।

"बोल लो। बोल लो। तुम्हें बोलने का रोग है तो चुप कैसे रह सकोगे।" उसकी आँखों, वाणी और हँसी में मेरे लिए तिरस्कार ही तिरस्कार था।

"तुम्हारा परिवार पंजाबी बोल रहा था, क्योंकि वह तुम्हारी प्रादेशिक बोली थी।" मैंने कहा, "तुम्हारे परिवार की स्त्रियाँ हिन्दी इसलिए पढ़ रही थीं, क्योंकि वह तुम्हारी और तुम्हारे देश की सांस्कृतिक और राष्ट्रीय भाषा है। उन्हें नौकरी नहीं करनी थी, इसलिए वे न उर्दू पढ़ रही थीं, न अंग्रेजी। वे राष्ट्र, संस्कृति और धर्म की रक्षा के लिए हिन्दी पढ़ रही थीं।..."

"क्या बकवास है।..."

"एक बात और सुन लो पश्चिमी शिक्षा के विषाक्त वृक्ष!" मैंने कहा, "हम उसी कारण से उर्दू पढ़ने को बाध्य थे, जिस कारण से आज भी पाकिस्तान और भारतीय कश्मीर में उर्दू पढ़ाई जा रही है।"

"क्या कारण है?"

"भारतीय मुसलमान अरबी नहीं पढ़ सकता, इसलिए उसने अरबी-फारसी की सन्तान उर्दू को अपनी भाषा मान लिया है। वह किसी प्रदेश की नहीं, धर्म की सन्तान है। अतः जहाँ मुसलमानों का बहुमत होगा, और वे बाध्य कर सकेंगे, वहाँ उर्दू ही पढ़ाई जाएगी।"

"मैं ऐसा नहीं सोचता।"

"सारी समस्या यही है कि तुम सोचते ही नहीं हो। बस पढ़ते-लिखते हो।" मैंने कहा।

(28.2.2007)

खुदाई

मेरा भतीजा न्यूयार्क से आया था। उसकी इतिहास और पुराकथाओं में गहरी रुचि थी। न्यूयार्क में रह कर भी हिन्दी बोलता ही नहीं था, हिन्दी पढ़ता भी था।

वह मुझसे पूछ रहा था, "क्या रामकथा में वर्णित स्थानों की किसी ने खुदाई की है?''

मैं सोच रहा था कि उसे कैसे बताऊँ कि इस देश में ऐसी बातें करना शोभनीय नहीं माना जाता। उससे व्यक्ति साम्प्रदायिक हो जाता है। और कौन चाहेगा कि वह साम्प्रदायिक हो जाए।

"पश्चिमी पुरातत्ववेत्ताओं ने तो बाइबल में वर्णित एक-एक इंच खोद डाला है। वे पूरी तरह बाइबल को ऐतिहासिक प्रमाणित करने पर तुले हुए हैं।'' उसने कहा।

"वे व्यर्थ परिश्रम कर रहे हैं।'' मैंने कहा, "हमारे देश के महान् इतिहासकार तो बिना खुदाई के ही सत्य जान गये हैं?"

"योग विद्या से? वे योगी हैं क्या?"

"नहीं! योगी तो नहीं हैं।'' मैंने कहा, "पर उन्होंने बिना खुदाई और छानबीन के ही घोषणा कर दी है कि रामकथा काल्पनिक कथा है।"

"वे ऐसा कैसे कर सकते हैं?'' मेरा भतीजा पूरे आवेश में था, "बाइबल से भी प्राचीन ग्रन्थ रामायण हमारे पास है। अयोध्या है, सरयू है, चित्रकूट है, प्रयाग है, शृंगवेरपुर है, नासिक है, पंचवटी है, गोदावरी है, जनस्थान है, खोजने पर किष्किन्धा का पता भी लग ही जाएगा, रामेश्वरम् है। रामेश्वरम् का क्षेत्र रामनाड कहलाता है। धनुषकोडि स्टेशन भी था।... और चाचा जी! अब तो नासा के वैज्ञानिकों द्वारा लिये गये चित्र भी बता रहे हैं कि समुद्र के गर्भ में टूटे हुए सेतु के ध्वंसावशेष पड़े हैं। कुछ वैज्ञानिकों का तो विचार है कि हम प्रयत्न करें तो नयी टैक्नॉलॉजी की सहायता से उस पुल को समुद्र के ऊपर उठा सकते हैं।

इतने प्रमाण मिलने पर भी वे ऐतिहासिक और पुरातात्विक खोज क्यों नहीं करना चाहते?"

"उसके लिए तो बेटा! उनके मन की खुदाई करनी पड़ेगी। जाने उनके मन में क्या क्या दबा पड़ा है। उसका पता लगाना तो इतिहास की खोज से भी कठिन है।"

"कहीं ऐसा तो नहीं कि वे डरते हों कि खोज के पश्चात् परिणाम यह प्रमाणित हो जाए कि रामायण हमारा इतिहास नहीं है?" उसने पूछा।

"नहीं! क्योंकि वे तो स्वयं ही उसे कल्पना मान रहे हैं। यदि ऐतिहासिक, पुरातात्विक और वैज्ञानिक खोज से यह सिद्ध हो जाए कि रामायण, इतिहास नहीं, एक काल्पनिक कथा है, तो उनके तो जीवन भर के सारे अरमान पूरे हो जाएँगे।"

"पर क्यों? अपने देश का गौरव उन्हें हर्षित नहीं करता?"

"देश तथा राष्ट्र का गौरव जैसे शब्द उन्हें अच्छे नहीं लगते। ये सेकुलर शब्द नहीं हैं।" मैंने कहा, "मेरा विचार है कि उनका संकट यह ईसवी कैलेंडर है।"

"क्यों?"

"उनका विचार है कि उससे पहले संसार था ही नहीं।"

"पर संसार तो था।" मेरा भतीजा बोला, "वैज्ञानिक तो इस पृथ्वी का जीवन करोड़ों वर्षों में आँकते हैं।"

"आंकते रहें; किन्तु इतिहास तो नहीं था न।"

"इतिहास भी था, कैलेंडर भी था।" वह बोला, "ग्रीक, रोमन, मिश्री सभ्यताएँ...।"

"वे सब भी थीं किन्तु हमारे इतिहासकार मानते हैं कि भारत में कुछ नहीं था।"

"हमारे देश में तो इतने सारे कैलेंडर हैं; और वे सभी ईसवी कैलेंडर से पुराने हैं।"

"हैं। पर वे उसे नहीं मानते।"

"क्यों?"

"क्योंकि जहाँ कोई नया धर्म जन्मता है, वह सिद्ध करना चाहता है कि उसके पूर्व या तो कुछ था नहीं और यदि कुछ था तो वह असभ्य था। उसका प्रत्येक चिह्न नष्ट कर दिया जाना चाहिए।"

"पर भारत में कौन सा नया धर्म जन्मा है?" उसने पूछा।

"हाँ?" मैंने कहा, "हाँ सेकुलर धर्म जन्मा है, जो चौदह पन्द्रह सौ वर्षों से पीछे नहीं जाना चाहता, इसीलिए सिद्ध करना चाहता है कि पन्द्रह सौ वर्षों से पूर्व इस देश में या तो कुछ था नहीं, और यदि था तो निन्दनीय था।"

"पर क्यों? वे क्या इस देश में नहीं जन्मे?"

"जन्मे तो इसी देश में हैं; किन्तु उनका मस्तिष्क सेकुलरित है।"

"यह तो बहुत आत्मघाती रोग है चाचा जी!" वह बोला, "क्या हम लोग उनके लिए कुछ भी नहीं कर सकते?"

"ईश्वर से प्रार्थना कर सकते हैं; और वह हम कर रहे हैं।"

नागरिकता के कारण

दोनों देशों के प्रतिनिधि मिले तो परिवेश ही कुछ बदल गया।

"देखिए।" पाकिस्तान के प्रतिनिधि ने कहा, "मुझे गलत मत समझिएगा। हमारा देश इनसानियत का अलमबरदार है। हम नहीं चाहते कि हमारी वजह से किसी को कोई तकलीफ हो। और अपने पड़ोसियों का तो हम खास खयाल रखते हैं। अगर अभी तक हमसे अजाने में कोई गलती हुई भी हो तो हम चाहते हैं कि हम उसकी भरपाई कर दें। हम आपको वह दिलाते हैं... जिसे आप क्या कहते हैं... विश्वास। हम आपको विश्वास दिलाते हैं कि हम आपकी सारी शिकायतें दूर कर देंगे।"

भारतीय प्रतिनिधि कुछ व्याकुल सा हो गया था।

"आप मुझे भी कुछ बोलने देंगे या अपना ही भाषण चलाए जाएँगे।"

"नहीं जनाब। मेरी तो बस गुजारिश भर थी।" पाकिस्तानी प्रतिनिधि बोला, "आप अपनी तकरीर कीजिए।"

"मुझे कोई तकरीर नहीं करनी है।" भारतीय प्रतिनिध बोला, "न भाषण करना है। सीधी सी बात है। आप हमारे अपराधी हमारे हवाले करें। हम उनपर मुकदमा चलाएँगे और अपने कानून के अनुसार उन्हें दंडित करेंगे।"

"कौन से अपराधी?" पाकिस्तानी प्रतिनिधि ने पूछा।

"जिन्होंने मुम्बई पर आक्रमण किया।"

"नाम लीजिए। यदि वे पाकिस्तानी हैं तो हम उन्हें जरूर सजा देंगे।"

"पहले तो आप स्वीकार कीजिए कि कसाब पाकिस्तानी है।"

"कसाब? हाँ कुछ लोग उसे पाकिस्तानी मान रहे हैं। पर अभी बात पूरी तरह साफ नहीं हुई है।"

"आप उसे पाकिस्तनी नहीं मानते?" भारतीय प्रतिनिधि ने कुछ रोष से पूछा।

"आप मानते हैं?" पाकिस्तानी प्रतिनिधि ने भी उतने ही जोश से पूछा।

"हमारे पास निश्चित प्रमाण हैं कि वह पाकिस्तानी है।"

“ठीक है। आपके पास सबूत हैं तो हम मान लेते हैं कि वह पाकिस्तानी है।” पाकिस्तानी प्रतिनिधि बोला, “अब फैसला यह करना है कि अगर वह पाकिस्तानी है...”

“आपने फिर ‘अगर’ लगाया।”

“नहीं हुजूर हम मानते हैं कि वह पाकिस्तानी है।” वह बोला, “अब तय यह करना है कि उसपर मुकदमा पाकिस्तान में चले...”

“पाकिस्तान में क्यों चले?”

“क्योंकि वह पाकिस्तनी है।” ।किस्तानी प्रतिनिधि बोला, “अबु सलेम भारतीय है, इसलिए आप उसे पुर्तगाल से भारत ले आये और उसपर अपने यहाँ मुकदमा चला रहे हैं। उसी तरह कसाब को भी एक मुजरिम के तौर पर पाकिस्तान को सौंप दिया जाए तो हम उसपर मुकदमा चलाएँगे और उसको सख्त से सख्त सजा देंगे। जरा सोचिए, अगर आप उसे हमारे हवाले नहीं करेंगे तो हम उसको सजा कैसे देंगे।”

“आप उसे दंड देंगे?”

“हमारी अदालत कहेगी, तो जरूर देंगे।”

“और यदि आपकी अदालत न कहे तो?”

“आप जो भी सबूत देंगे, हम वे सब अदालत के सामने रख देंगे। ऐसे में अदालत सजा क्यों नहीं देगी।”

“नहीं। हमको आप पर विश्वास नहीं है।”

“जब विश्वास ही नहीं है, तो फिर मीटिंगें करने का क्या फायदा?” पाकिस्तानी बिफर गया।

भारतीय प्रतिनिधि डर गया, “नहीं। नहीं। हम कसाब को आपके हवाले कर देंगे। पर उसपर मुकदमा अवश्य चले।”

“चलेगा।” पाकिस्तानी प्रतिनिधि बोला, “तो हम इस सिद्धान्त पर सहमत होते हैं कि जो अपराधी जिस देश का नागरिक होगा, उसपर उसी देश में मुकदमा चलेगा।”

“हाँ, हम सहमत हैं।” भारतीय प्रतिनिधि बोला, “पर मुकदमा तो उस देश में चलना चाहिए, जिसका उसने अपराध किया है।”

“चलिए। हम इसी को मान लेते हैं।” पाकिस्तानी प्रतिनिधि बोला, “जिस देश का अपराध किया है, मुकदमा वहीं चले।”

"यही ठीक रहेगा।" भारतीय प्रतिनिधि बोला।

"तो फिर अफजल हमारे हवाले कीजिए।" पाकिस्तानी प्रतिनिधि बोला, "उसने हमें सारी दुनिया में बदनाम कर दिया है। उसने हमारे खिलाफ कौमी गुनाह किया है। वह हमारा मुजरिम है।"

"बदनाम तो आपको कसाब ने भी किया है।"

"तो ठीक है। दोनों को हमारे हवाले कीजिए। हम दोनों पर मुकदमा चलाएँगे।" पाकिस्तानी प्रतिनिधि उठ खड़ा हुआ।

"तो ठीक है।" भारतीय प्रतिनिधि को भी उठना पड़ा, "पर मुकदमा चलाइएगा जरूर।"

"आप जरा भी चिन्ता मत कीजिए।" वह बोला, "मुकदमा तो चलेगा ही चलेगा। आगे जो अदालत की मर्जी।"

भारतीय प्रतिनिधि असमंजस में खड़ा सोच रहा था कि संधि उसके पक्ष में हुई है या नहीं।

(13.2.2009)

भारत की इच्छा

जनरल परवेज मुशर्रफ पाकिस्तान की काफी सेवा कर चुके हैं। किया तो उन्होंने सेनापति बन कर भी बहुत कुछ है; और जो कसर रह गयी थी, वह राष्ट्रपति बन कर पूरी कर दी। अब वे बहुत समय से पाकिस्तान से तड़ीपार हैं। पाकिस्तान में प्रवेश करेंगे तो कारागार के अन्दर होंगे। किन्तु देश की सेवा का रोग कैंसर के समान है, एक बार लग जाए तो छूटता नहीं है। एक बार खून मुँह लग जाए तो वह पुनरावृत्ति की माँग करता ही रहता है। परवेज मुशर्रफ तड़प रहे हैं कि कब पाकिस्तान उन्हें राष्ट्रपति बन कर देश की सेवा का अवसर दे। और यह भी विचित्र बात है कि जो भी राष्ट्रपति पाकिस्तान की सेवा करना चाहता है, वही उसे किसी न किसी प्रकार युद्ध में झोंक देता है। पाकिस्तान में देश की सेवा का अर्थ देश को युद्ध में झोंकना ही होता है। युद्ध में न झोंका तो देश की सेवा क्या की। अभी-अभी जनरल मुश ने एक जोरदार वक्तव्य दिया है कि भारत पाकिस्तान पर अपना कब्जा चाहता है।

भारत ने चकित हो कर उनसे पूछा, "आपने मेरे आज तक के व्यवहार में ऐसा क्या देखा है, जिससे आपको यह इल्हाम हुआ है?"

"ओह। बहुत साफ है।" वे बोले, "1948 में ही भारत ने पाकिस्तान के कबाइलियों को कहा कि वे कश्मीर में बसने को आ जाएँ। वे भोले-भाले कबाइली भारत की बातों में आ गये और बिना यह जाने कि भारत की सीमा कहाँ से आरम्भ होती है, भारत में आ गये। और तब भारत ने बड़ी चतुराई से शोर मचा दिया कि पाकिस्तान ने भारत पर आक्रमण कर दिया है।"

"इससे भारत को पाकिस्तान पर कब्जा करने में सहायता कैसे मिल सकती है?" भारत ने पूछा।

"सीधी-सी बात है।" मुश बोले, "वे कबाइली ही तो पाकिस्तान की वास्तविक शक्ति थे। अब वे भारत में आ गये थे। भारतीय सेना उन्हें घेर कर मार सकती थी और यदि पाकिस्तानी सेना कबाइलियों को भारत में प्रवेश

करने से रोकती तो या तो वे मारे जाते या पाकिस्तानी सेना उनके हाथों मारी जाती। आखिर मरना तो पाकिस्तानियों को ही था। वर्दी में मरते या बिना वर्दी के मरते। अब बताइए, यह भारत की चाल थी या नहीं? और फिर शोर यह मचाया गया कि पाकिस्तान ने भारत पर आक्रमण कर दिया है।''

"और 1965 में क्या हुआ था?'' भारत ने कुछ और चकित हो कर पूछा।

"ओह! 1965 में। हमको पूरी सूचनाएँ मिल रही थीं कि भारत सैनिक तैयारी में लगा है। उसका विचार था कि अयूब खाँ उतने योग्य सेनापति नहीं हैं। इससे पहले कि कोई योग्य सेनापति आ जाए, उसने पाकिस्तान को जीत लेना चाहा। हमको जैसे ही सूचना मिली कि भारत पाकिस्तान से युद्ध चाहता है, हमने अपने मैत्री भाव में उसकी इच्छा पूरी कर देने के विचार से भारत पर आक्रमण कर दिया। देखा आपने।'' पाकिस्तान हँसा, ''हमला हमनें किया किन्तु भारत इच्छोगिल नहर पार कर लाहौर में घुस आया। नीयत स्पष्ट हो गयी न। कब तक छिपाता। मुँह से कहा हो न कहा हो, पर पाकिस्तान के एक हिस्से पर कब्जा तो उसने कर ही लिया था। वह तो अयूब साहब की ही दिलेरी थी कि मास्को में शास्त्री जी को धमका कर अपना इलाका वापस ले लिया। शास्त्री जी को इतनी तकलीफ हुई कि रात को ही उनका हार्ट फेल हो गया।'' जनरल मुश हँसे, ''कोई और सबूत चाहिए आपको? भारत का प्रधानमन्त्री पाकिस्तान पर कब्जा न कर पाये तो सदमे से ही उसका हार्ट फेल हो जाता है।'' "पाकिस्तान पर तो पता नहीं, शब्दों पर आपका कब्जा अद्भुत है। क्या झूठ बोलते हैं आप भी।'' भारत ने कहा, "एक तो षड्यन्त्र रच कर शास्त्री जी के प्राण ले लिए और ऊपर से कह रहे हैं कि वे अपनी इच्छा पूरी न होने से सदमे से ही मर गये।''

जनरल मुश उखड़ गये, "आपका क्या है, आप तो 1971 के हमले को भी डकार जाएँगे। आधे पाकिस्तान पर कब्जा कर लिया आपने। खुदा का शुक्र है कि बाकी आधा बचा हुआ है।''

इस बार भारत ने अट्टहास किया, "1971 में। शेख मुजीब के चुनाव जीतते ही आप लोगों ने तय कर लिया कि बंगालियों को जबह कर देंगे। बांगलादेश की स्त्रियाँ अब केवल आपकी ही सन्तानें उत्पन्न करेंगी। मतदान में हार कर भी आप सत्ता छोड़ना नहीं चाहते थे, तो भारत क्या सारे बांगलादेशियों को शरणार्थियों को अपने यहाँ शरण देता और बांगलादेश की धरती आपको सौंप

देता। भारत ने तो युद्ध जीत कर भी वह भूमि बांगलादेशियों को दे दी। जरा जल्दी दे दी, नहीं तो शेख मुजीब और उनका परिवार इस प्रकार न मारा जाता। भारत ने उसमें क्या पाया? अपने सैनिक गँवाए, अपना धन खर्च किया ताकि पाकिस्तान की राक्षसी सेना से असहाय बांगलादेशियों को बचाया जा सके।''

"उन्हें तो तुमने बचा लिया किन्तु मैं सोच रहा हूँ कि शेष पाकिस्तान को पाकिस्तान से कौन बचाएगा?''

"ठीक कह रहे हैं आप जनरल मुश।'' भारत ने कहा, "पाकिस्तान के सारे प्रदेशों में जो हिंसा चल रही है, वह पाकिस्तान को कहाँ जीवित रहने देगी। बांगलादेश बच गया। यदि कहीं वह पाकिस्तान का ही भाग होता तो वहाँ भी पाकिस्तानी सेना, अलकायदा और तालिबान के पटाखे चल रहे होते। तुम लोग तो दैत्य शक्तियों के वंशज प्रतीत होते हो, जिनका जन्म ही विध्वंस और विनाश के लिए होता है।''

(12.10.2011)

राष्ट्रपति का चयन

रामलुभाया अपने हाथों में सिर थामे, मुँह लटकाए बैठा था। निश्चित रूप से वह बहुत निराश था। मुझे दया आ गयी। पूछा, ''क्या बात है रामलुभाया?''

उसने मेरी ओर देखा, "क्या देश है तुम्हारा।''

वह अपने देश से प्रसन्न नहीं था, इसलिए उसे मेरा देश बता रहा था, जैसे बच्चे के परीक्षा में फेल होने की सूचना उसकी माँ उसके पिता को कुछ इस शैली में देती है, "तुम्हारा लाडला परीक्षा में तुम्हारा नाम रौशन कर आया है।''

"क्या हुआ मेरे देश को?'' मैंने पूछा।

"अरे करोड़ों की आबादी के इस देश में एक बन्दा नहीं मिल रहा।''

"क्या करना है, उस बन्दे का तुमको?''

"अचार नहीं डालना है।'' वह मुँह बनाकर बोला, "प्रेज बनाना है उसे।''

"प्रेज? वह क्या होता है?'' मैंने कहा।

"प्रेज नहीं जानते। जाहिल कहीं के।'' वह बोला, "प्रेज का अर्थ होता है, देश का प्रेजिडेंट अर्थात् राष्ट्रपति। देश का राष्ट्रपति।''

"ओह – हो।'' मैं हँसा, "तुम्हें एक ऐसे आदमी की खोज है, जिसे देश का राष्ट्रपति बना सको।''

"हाँ।''

"मुझे बना दो।''

"तुम जैसे तो गली-गली में मिलते हैं। हमें तो वह चाहिए, जिसे संसद स्वीकार कर सके। सरकार स्वीकार कर सके।''

"संसद और सरकार तो उनको भी स्वीकार ही नहीं अंगीकार भी कर लेती है, जिनके विषय ओमपुरी, अरविन्द केजरीवाल और बाबा रामदेव द्वारा दिए गये विशेषणों से कुछ सांसद रुष्ट हो गये हैं।''

"कौन से विशेषण?'' रामलुभाया ने पूछा, ''मुझे भी बताओ।''

"नहीं। नहीं तो मुझ पर भी विशेषाधिकार हनन का मामला बन जाएगा।'' मैंने कहा, "तुम अन्ना हजारे को ही क्यों राष्ट्रपति नहीं बना देते। वे वृद्ध हैं।

राष्ट्रवादी हैं। गाँधीवादी हैं। देशभक्त हैं।''

"वह सब तो है; किन्तु वे राजनीति को नहीं समझते और मैडम को नहीं मानते।''

"क्या संविधान में ऐसी कोई शर्त है कि ऐसा आदमी राष्ट्रपति नहीं बन सकता?''

"यह सब क्या संविधान में लिखा जाता है।'' रामलुभाया ने कहा, ''और फिर वे हर बात पर अनशन करने बैठ जाते हैं। उनका नाम 'अन्ना' न हो कर 'अन्न न' होना चाहिए। उनको राष्ट्रपति बना दिया तो हमारे विदेशी मेहमानों को 'भोज' के स्थान पर 'अनशन' पर आमंत्रित किया जाएगा।... और फिर मनीष तिवारी ने उन्हें भ्रष्टाचार में लिप्त बताया था।''

"वैसे वे भ्रष्ट हैं नहीं। पर चलो जब मनीष तिवारी ने कह दिया तो कह दिया।... तो किरण बेदी को बना दो।''

"नहीं यार।'' रामलुभाया बोला, ''वह तो जानती है कि सरकार घूँघट के अन्दर भी है और घूँघट के बाहर भी। वह तो स्वयं ही सरकार हो जाएगी। प्रधानमन्त्री का घूंघट चल नहीं पाएगा। वह क्रेन की सहायता से घूँघट उठा देगी। दिल्ली में अन्ना के अनशन के समय उसने वही किया था। तो फिर हम कैसे कह पाएँगे कि बाकी चाहे कोई कितना भ्रष्ट हो; किन्तु मनमोहन सिंह बहुत भले आदमी हैं। वैसे भी किरण बेदी अल्पसंख्यक नहीं है।...''

"तो?''

"प्रधानमन्त्री ने कहा है न कि इस देश के संसाधनों पर पहले मुसलमानों का अधिकार है। और राष्ट्रपति तो पहला संसाधन है इस देश का। अब कोई नहीं मिलेगा तो फिर देखेंगे...'' वह इतना गम्भीर था, जैसे वह अभी ही राष्ट्रपति की नियुक्ति कर देगा।

"कर्णसिंह के विषय में क्या विचार है? उन्होंने अपना सब कुछ लुटा कर भी कांग्रेस का साथ नहीं छोड़ा। कश्मीरी होते हुए भी अपने मालिकों का रुख देखते हुए कश्मीर के हिन्दुओं के पक्ष में कभी एक शब्द नहीं कहा।''

"हाँ।'' रामलुभाया ने कुछ आश्चर्य से मेरी ओर देखा, "लगता है कि कांग्रेस को भी भारतीय जनता पार्टी का रोग लग गया है। उन लोगों की अपनों और परायों की पहचान मिट गयी है। अपनों को तो पहचानते ही नहीं। नहीं तो वे कर्णसिंह को भूल जाते?''

"सोनिया गाँधी शायद नहीं जानतीं कि वे मनमोहन सिंह से भी अधिक निष्ठावान हैं कांग्रेस के प्रति।'' मैंने कहा।

"पर एक बात है।'' रामलुभाया ने कहा।

"क्या?"

"किसी समय उनके पिता राजा हरिसिंह ने जवाहरलाल नेहरू को जेल में डाल दिया था। उसका प्रतिशोध भी तो लेना है।"

"केवल जेल में डालने का? और हत्याओं का प्रतिशोध नहीं लेना है– मुम्बई की, संसद की, राजीव गाँधी की...?"

"हत्या का दंड क्या है? मृत्युदंड ही तो। मृत्यु तो सबकी होनी ही है। कारागार में हो, बाहर हो। गोली से हो, रोग से हो, आयु से हो। तुम क्या समझते हो कसाब और अफजल गुरु बच जाएँगे। जब समय आएगा, वे अपने आप मर जाएँगे। यमदूत उन्हें उठा कर ले जाएँगे। हमारी सरकार को कुछ नहीं करना पड़ेगा। हम सब उसी की प्रतीक्षा में हैं।" सहसा वह रुका, "और भारतीय जनता पार्टी वाले क्या नाम ले रहे हैं – नजमा हेब्तुल्ला..."

"और क्या तुम्हारा नाम लें?" मैंने जैसे उसे चिढ़ाया।

"मेरा क्यों लेंगे। बाल ठाकरे का नाम क्यों नहीं लेते? वह शत्रु है क्या उनका? आँख खोल कर अपने आस-पास देखते ही नहीं हैं।"

"क्यों? बाल ठाकरे में क्या है? वह भी तो एक राजनीतिक दल का नेता ही है।"

"जहाँ तक मैं समझता हूँ, वह राजनीतिक नेता नहीं है। साहित्य, संस्कृति, इतिहास और देश को जानता है वह। पत्रकार है।... और साहस है उसमें। ढुलमुल आदमी नहीं है। वह एक बार राष्ट्रपति बन जाए तो देश के सारे झोल दूर हो जाएँगे। कड़क हो जाएगा देश।"

"जब वह इतना ही योग्य है तो हमारे राजनीतिक दल उसका नाम क्यों नहीं लेते?" रामलुभाया ने बड़ी सादगी से पूछा।

"योग्य लोगों के नाम लेने से हम अयोग्य लोगों को ऊँचे पदों पर नहीं बैठा सकते।" मैंने कहा।

(7.5.2012)

सेतु, समुद्र और बालू

दो सखियाँ सागरतट की रेत में खेल रही थीं। कभी घरौंदे बनाती थीं, कभी तोड़ देती थीं।

"चलो पानी में खेलें।" डीएमके ने कहा।

"न बाबा। मुझे पानी से भय लगता है।" कांग्रेस बोली।

डीएमके जोर से हँस पड़ी, "यह रामेश्वरम् है। यहाँ भय का कोई कारण नहीं है। यहाँ मेरे अप्पा का राज है।"

"पर यह राम नाड भी तो है और तुम्हारे अप्पा कोई समुद्र के देवता वरुण के अवतार हैं कि उनके कारण समुद्र में भय नहीं है?"

"नहीं। नहीं। मैं तो यह कह रही थी कि रामेश्वरम् का अपमान करने से भी कोई हमें कुछ नहीं कहेगा।... और राम नाड का नाम तो हम बदल ही देंगे।"

"किन्तु मैं राजनीति की नहीं, भूगोल की बात कर रही थी।" कांग्रेस ने कहा, "क्या समुद्र का जल हमें डुबो नहीं देगा?"

"नहीं। उसका भय भी नहीं है।"

"क्यों? यहाँ समुद्र की लहर नहीं आती?" कांग्रेस ने सहमे से स्वर में पूछा।

"नहीं। यहाँ लहरें नहीं आतीं। यहाँ समुद्र के तूफान भी नहीं आते।" डीएमके ने कहा।

"क्यों नहीं आते?"

"उससे तुम्हें क्या लेना देना। आओ पानी में खेलें।"

"मैं डूब तो नहीं जाऊँगी?" कांग्रेस ने पूछा।

"राजनीति की दृष्टि से तो तुम कब की डूबी हुई ही हो। किन्तु समुद्र में तुम नहीं डूबोगी।" डीएमके ने कहा, "और यदि डूबने लगोगी, तो मैं हूँ न। हाथ थाम लूँगी।"

"तुम्हारे थामने से क्या होगा। तुम कोई मेरी मम्मी के समान बड़ी हो।" कांग्रेस हँसी, "इतनी छोटी हो कि अभी इस प्रदेश से बाहर भी नहीं गयी हो।"

"तो क्या हो गया? हम यहाँ ऐसे दृढ़ हैं कि समुद्र की लहर तो क्या, हम प्रदेश

के बाहर की हवा भी नहीं आने देंगे।''

"हाँ। मम्मी कह रही थीं कि वायु के अभाव में चाहे तुम्हारे लोग मर जाएँ, किन्तु तुम्हारे अप्पा यहाँ बाहर की हवा भी नहीं आने देंगे।'' कांग्रेस ने कहा, "किन्तु तुम्हारे अप्पा कह रहे हैं कि वे यहाँ समुद्र में एक नहर बनाना चाहते हैं, ताकि विश्व भर के जलपोत आ सकें...।''

"हाँ। मेरे अप्पा कह रहे थे कि संसार के जलपोत चाहे आ जाएँ किन्तु उत्तरीय भारत से हवा भी नहीं आनी चाहिए। इसीलिए तो वे राम-सेतु... अं अं ऐडम ब्रिज को तोड़ना चाहते हैं।''

"हाँ। तुम्हारे अप्पा श्रीलंका के तमिलों से भाईचारा बढ़ाना चाहते हैं, तो फिर भारत और श्रीलंका के इस सेतु को क्यों तोड़ना चाहते हैं?''

"यहाँ कोई सेतु-वेतु है ही नहीं।'' डीएमके ने कहा।

"तो राम-सेतु क्या है?''

"न कोई राम है, न राम-सेतु है।'' डीएमके ने खीज कर कहा।

"तो तोड़ना किसे है?''

"कुछ समुद्री चट्टानें हैं, उन्हें हटाना भर है।'' डीएमके पानी में उतर गयी, "आओ। खेलें।''

"पर मेरी मम्मी कह रही थी कि यदि यह ऐडम ब्रिज है तो इसे ऐडम ने बनाया होगा। ईसाई लोग नहीं चाहेंगे कि ऐडम के बनाए किसी ब्रिज को तोड़ा जाए। ऐडम की चर्चा बाइबल में है। बाइबल में चर्चित किसी चीज को तोड़ा जाए तो उससे मेरी मम्मी को बहुत कष्ट होगा।''

"मैं अपने अप्पा से कह दूँगी कि ब्रिज चाहे तोड़ें, ऐडम को न तोड़ें।'' डीएमके बोली, "बालू अंकल भी कह रहे थे न कि वे केवल समुद्र की बालू को हटा रहे हैं, कुछ तोड़ नहीं रहे। मुझे लगता है कि वे हटा-वटा कुछ नहीं रहे। बस चारों ओर बालू ही बालू कर देना चाहते हैं।''

वे दोनों कुछ और आगे बढ़ आयी थीं।

"यहाँ पानी न तो गहरा है, न उसमें लहरें हैं, यह कैसा समुद्र है?'' कांग्रेस ने कुछ चकित होकर पूछा।

"हाँ वह है न। वह। जिसने समुद्र की लहरों को रोक रखा है।''

"वह क्या?'' कांग्रेस ने पैर आगे बढ़ाया।

"और आगे नहीं।'' डीएमके चिल्लाई, "आगे समुद्र गहरा है। डूब जाओगी। मैं तुम्हारी अम्मा को क्या उत्तर दूँगी।''

"आगे समुद्र गहरा है?" कांग्रेस ने चकित होकर पूछा, "तो जहाँ मैं खड़ी हूँ, यह क्या है?"

"यह। यह ही तो वह राम-सेतु है, पानी में तीन फुट नीचे। उसी पर तो खड़ी हो तुम।" डीएमके बोली, "तो इस पर खड़ा हो जाता है, वह डूबने से बच जाता है। इसीलिए तो हम इसे तोड़ना चाहते हैं, ताकि हिन्दू इस पर खड़े न हो सकें।"

"मेरी अम्मा भी इसे तोड़ना चाहती हैं, ताकि यह सारा देश समुद्र में डूब जाए..."

"अरे, वह तो तब होगा, जब तुम न डूबो। पर तुम तो स्वयं इस पर से कूद कर डूबना चाहती हो।"

"मेरी अम्मा कहती थीं कि यह राम-सेतु हम सबको डुबोएगा। इसलिए इसे तोड़ देना चाहिए।"

डीएमके हँस पड़ी, "है न मजे की बात, जो सारे देश को डूबने से बचाए हुए है, वह हमें अपने लिए संकट लगता है। बालू चाचा कहते हैं कि हम इस सारे देश को समुद्र में डुबो कर ही जीवित रह सकते हैं; क्योंकि हम राक्षसराज रावण के वंशज हैं, जो दूसरों का रक्त पीकर ही जीवित रह सकता है।"

अन्तर

भोलाराम ने मुझे देखा तो चहककर बोला, "यार यह लन्दन का कोट तुम पर फब तो खूब रहा है किन्तु..."

मेरी आत्मा काँपकर रह गयी। यह प्रशंसा का एक छोटा-सा वाक्य और उसके पश्चात् का 'किन्तु'...यह तो अन्धड़ से पहले की शान्ति है। इससे तो अच्छा था कि वह मेरे कोट की प्रशंसा ही न करता।

पर तब मेरा ध्यान दूसरी ओर चला गया। वह उसे लन्दन का कोट कह रहा था।

"पर यह कोट तो लन्दन का नहीं है।" मैंने कह ही दिया।

"अच्छा!" वह कुछ इस ढंग से मुस्कराया कि मैं लज्जा से भूमि में गड़ गया। भूमिगत हो जाता तो सुखकर होता। पर भूमिगत होने और भूमि में गड़ने में बहुत अन्तर है। उसकी आँखें स्पष्ट रूप से, और इतने विश्वास से मुझे झूठा और मक्कार घोषित कर रही थीं कि स्वयं मुझे भी अपने चरित्र पर सन्देह होने लगा।

"वह सब रहने दो।" वह बोला, "कोट भी अच्छा है और तुम पर फब भी रहा है; किन्तु भारतीयता का इतना पक्ष लेते हो तो अपना पहनावा भी कुछ भारतीय ही रखो।"

"वह सब ठीक है; किन्तु यह कोट सचमुच लन्दन का नहीं है।" मैंने उसे विश्वास दिलाने का प्रयत्न किया।

वह हँसा, "अब तुम कहोगे कि भारतीय साहित्य परिषद् के सम्मेलन में जो महिला तुम्हारे साथ थी, वह हमारी भाभीजी नहीं थीं।"

मुझे स्मरण करने में कुछ समय लगा। उस सम्मेलन में कौन था मेरे साथ? स्मरण हो आया दिल्ली से हम कुछ साहित्यकार इकट्ठे गये थे। साथ ही बैठे थे और साथ ही खाना भी खाया था। उस दल में कुछ महिलाएँ भी थीं, किन्तु मेरी पत्नी तो मेरे साथ नहीं थी। जाने इस भोलाराम ने किसको मेरी पत्नी मान लिया था।

मैं प्रबल रूप से प्रतिवाद करना चाहता था; किन्तु कुछ नहीं बोला। यदि मैं कहता कि उनमें मेरी पत्नी नहीं थी तो वह पूछता कि यदि पत्नी नहीं थी

तो उसके साथ एक ही मेज पर बैठकर खाना क्यों खाया? उसकी ओर सलाद की प्लेट क्यों बढ़ायी? उसे पानी का गिलास क्यों दिया? इन सब बातों का क्या उत्तर देता मैं? अपने यहाँ पत्नी को पानी का गिलास थमाओ तो जोरू के गुलाम घोषित हो जाते हैं। किसी और महिला को शिष्टाचारवश सलाद की प्लेट थमा दो तो चरित्रहीन प्रचारित हो सकते हैं। भोलाराम के इन गुणों को मैं जानता था। अतः पत्नी को भुलाकर कोट पर ही लौट आया।

"वह कोट लन्दन का नहीं है भले आदमी।" मैंने तोते के समान दुहरा दिया।

"क्यों जब तुम लन्दन गये थे, तो इसे वहाँ नहीं खरीदा था?"

मैं उसे बताना चाहता था कि यह कोट मुझे डॉ. राजेश कुमार ने रूस से लाकर भेंट किया है। किन्तु तब संकट यह था कि वह पूछता कौन राजेश कुमार? मैं उसे बताता कि राजेश मेरा छात्र रहा है तो वह कहता कि में अपने विद्यार्थियों का शोषण करता हूँ। उनसे महँगे उपहार वसूलता हूँ। मैं उसके अनुमानों की प्राचीर मैं कुछ ऐसा घिर गया था कि निकलना कठिन हो रहा था।

"पर मैं लन्दन गया ही कब?" मैंने कुछ ऊँचे स्वर में कहा।

मैं भयभीत था कि कहीं उसका झूठ मुझ पर हावी ही न हो जाये।

"क्यों विश्व हिन्दी सम्मेलन में भाग लेने तुम लन्दन नहीं गये?"

"नहीं!" मैंने कहा, "कोई भेजता तो जाता। मुझे किसी ने भेजा ही नहीं।"

"झूठ मत बोलो।" उसने मुझे डाँट दिया, "तुम लन्दन नहीं गये तो और कौन गया।"

"काला चोर गया हो, पर मैं नहीं गया।"

"तुम तो प्रधानमन्त्री के मित्र हो और तुम ही नहीं गये? कौन मानेगा इस बात को।"

मुझ पर सुख का वज्रपात हुआ। यह व्यक्ति मुझे देश के प्रधानमन्त्री का मित्र कह रहा था। यह तो ऐसी धारणा थी कि न उगलते बन रही थी और न निगलते। पर मैं इसका विरोध कैसे करता।

"मैं तो उनका मित्र हूँ...।"

"तो क्या वे तुम्हारे मित्र नहीं हैं–शत्रु हैं तुम्हारे?" उसने मेरी बात काट दी।

"नहीं शत्रु तो नहीं हैं; किन्तु मित्रता तो समानता में होती है। मैं अपने श्रद्धेय जनों को अपना मित्र कैसे कह सकता हूँ।"

"अब बातें मत बनाओ।" उसने मुझे बाकायदा डाँटा, "वे तो तुम्हारे मित्र

हैं। तुम्हीं जाने किस दुष्ट के प्रभाव से उनके शत्रु बनते जा रहे हो। मैंने देखा था उस दिन जब प्रधानमन्त्री के घर पर एक समारोह था। तुम सुरक्षाकर्मियों पर रौब झाड़ रहे थे। बार-बार कह रहे थे कि वे नहीं जानते कि तुम कौन हो। तुम चाहते हो कि प्रधानमन्त्री के सुरक्षाकर्मी भी तुमको नमस्ते करें और बिना सुरक्षा जाँच के तुमको जाने दें।"

मैं चकित दृष्टि से भोलाराम की ओर देख रहा था : आज वह मुझसे इतना रुष्ट क्यों था?

"उस दिन नचिकेता सम्मान के अवसर पर तुम देर से आये तो तुम्हें अति विशिष्ट लोगों के साथ बैठने का स्थान नहीं मिला। पीछे बैठना पड़ा तुमको और तुमने हिन्दी भाषा की आड़ में लिखित रूप में प्रधानमन्त्री का विरोध किया। शत्रु नहीं हो तुम उनके?"

मैं कुछ नहीं बोला। उसने मुझे कुछ कहने की स्थिति में ही नहीं छोड़ा था।

"सुनो।" उसने मेरा कन्धा पकड़कर मुझे झकझोरा, "रहे होंगे वे तुम्हारे मित्र। किन्तु अब वे देश की थाती हैं। उनके विरुद्ध लिखोगे तो अच्छा नहीं होगा।" मैं अवाक् खड़ा भोलाराम को देखता रह गया—यह व्यक्ति मित्रता और शत्रुता का अन्तर पहचानता भी है? पक्ष-विपक्ष जानता भी है?

दूसरा पक्ष

लेखक के मन में थोड़ा रोष था।

उनके पाठक, सम्पादक, प्रकाशक बताते थे कि उनका लेखन बड़ा महत्त्वपूर्ण है। उसके लिए समाज उनका ऋणी है। वे समाज को मार्ग दिखा रहे हैं। संस्कार दे रहे हैं। पाठक उनकी रचनाओं को खोज-खोजकर पढ़ते हैं। सम्पादक अपनी पत्रिकाओं में उनकी रचना की प्रतीक्षा में पृष्ठ खाली छोड़े बैठे रहते हैं। प्रकाशक अग्रिम राशि देकर उनकी अगली पुस्तक अपने लिए आरक्षित कर लेना चाहते हैं। ...किन्तु उनका अपना परिवार उनके लेखन का तनिक भी महत्त्व नहीं समझता। वे लिख रहे होते हैं, तो किसी के मन में तनिक भी ऐसा भाव नहीं होता कि वे कोई महत्त्वपूर्ण कार्य कर रहे हैं। यही मानते हैं कि पता नहीं क्यों अपनी मेज से चिपके बैठे हैं।...उनके चारों ओर निरन्तर शोर होता रहता है। उनकी एकाग्रता और तन्मयता ऐसे टूटती है, जैसे मोटरकार का विंडस्क्रीन चूर-चूर हो जाता है। वे अपने विषय में तनिक सा डूबते हैं कि किसी-न-किसी काम के लिए उठना पड़ जाता है। लगता है, उस तन्मय मस्तिष्क से रक्त निकल आयेगा। कोई नहीं समझता कि उस परिवेश के कारण कितना महत्त्वपूर्ण कार्य बाधित हो रहा है।

कई बार सोचा लिखने के लिए कहीं और चले जायें। पर न तो परिवार का मोह त्यागा जाता था और न ही वे यह जताना चाहते थे कि परिवार के व्यवहार के कारण उनका लेखन संकट में है। या वे स्वयं मानसिक कष्ट में हैं। सोच रहे थे, अपनी पत्नी से चर्चा करें। वह उनका संकेत अवश्य समझ जायेगी। सम्भव हो सकेगा तो उनकी सहायता भी करेगी। उसका कहा, परिवार के अन्य सदस्यों को शायद उतना तीखा न लगे।

सन्ध्या समय वे अपनी पत्नी के साथ पड़ोस के एक घर में जा बैठे। सोचा, आते-जाते मार्ग में कोई उचित अवसर देखकर अपनी बात कह देंगे। कहना सम्भव न हुआ, तो इतना संकेत तो दे ही देंगे कि वे उनसे एक महत्त्वपूर्ण बात करना चाहते हैं।

पड़ोसी ने कहा, "आप घर में रहते हैं तो घर की देखभाल कर लेते हैं। नौकरों पर भी दृष्टि रखते हैं। घर में ताला नहीं लगता। जो लोग बाहर जाते हैं, निश्चित होकर जाते हैं कि पीछे आप घर में हैं।"

लेखक विस्मित थे कि उनके घर रहने का क्या मूल्य आँका जा रहा है। वे लेखक न हुए, चौकीदार हो गये।

तभी पत्नी बोलीं, "हाँ! यह सब तो हो जाता है। इनके घर में रहने के कुछ लाभ तो हैं। पर परेशानी यह है कि ये घर पर ही लिखते हैं। घर, घर नहीं रह जाता, इनकी कार्यशाला हो जाता है। न कोई खुलकर हँस सकता है, न कोई खुलकर बोल सकता है। लगता है, घर घर है ही नहीं, बन्धनों का पुलिन्दा है। सुबह टी.वी. नहीं लगेगा। कोई ऊँचे स्वर में गायेगा नहीं। अपने किसी मित्र को बुलाना हो, तो दस बार सोचना पड़ता है।...जीवन-भर कभी लगा ही नहीं कि मैं अपने घर में रह रही हूँ।"

"तो कहाँ रह रही हैं?" पड़ोसी हँसे।

"किसी दफ्तर में, जहाँ प्रत्येक दीवार पर लिखा है, कृपया शान्ति रखें। कृपया शोर न मचायें। कृपया ध्यान रखें, यहाँ महत्त्वपूर्ण कार्य हो रहा है।"

लेखक ने अपनी परेशानी की चर्चा स्थगित कर दी। वे अपने परिवारवालों की पीड़ा से आहत होकर सोचने लगे : बहुत लिख लिया। अब और लिखकर क्या होगा।... होगा समाज के प्रति भी दायित्व; किन्तु परिवार को पीड़ा देकर नहीं।...

कुत्ता

एक कुत्ता मेरे दरवाजे पर खड़ा हो गया। आँखें तरेरकर मुझे देखता रहा और नाक चढ़ाकर गुर्राता रहा। मुझसे सहा नहीं गया। कुत्ता मनुष्य पर गुर्राये, यह भी कोई बात हुई।

मैंने उसे डाँटा, "भाग।"

वह बाकायदा भौंकने लगा। मैं भी जोर-शोर से उसे डाँटने लगा। थोड़ी देर में स्थिति यह हो गयी कि वह अपनी भाषा में भौंक रहा था और मैं अपनी भाषा में।

यह स्पष्ट होने में अधिक देर नहीं लगी कि भौंकने में कुत्ते से आदमी पार नहीं पा सकता।

मैं हताश हो गया। यह प्रकृति का कैसा न्याय था कि कुत्ता मनुष्य पर भौंकता रहे और मनुष्य कुछ कर भी न सके।

मेरे पड़ोसी रामलुभाया सैर करके लौटे थे। उनके हाथ में छड़ी थी। उन्होंने कसकर एक छड़ी कुत्ते को दे मारी। कुत्ता उनकी ओर झपटा। उन्होंने कसकर दूसरी छड़ी जमायी और तीसरी की तैयारी कर ली।

कुत्ते का भौंकना रिरियाहट में बदल गया। उसने दुम पिछली टाँगों में दबायी और भाग गया।

रामलुभाया मेरी ओर मुड़े, "आपको कुत्तों से निबटना न आता हो तो उनके मुँह भी मत लगा कीजिये।"

प्रकृति का न्याय मेरी समझ में आ गया था।

परिवार का अंग

"कश्मीर स्वायत्तता माँग रहा है।" रामलुभाया ने बड़े दुखी मन से कहा।

"कश्मीर नहीं माँग रहा। फारुख अब्दुल्ला माँग रहा है। उसका पिता भी यही सब करता रहा था। स्वायत्तता ही देनी थी तो राजा हरिसिंह क्या बुरे थे।" भोलाराम बोला, "पर छोड़ो वह सब। तुम्हें बताऊँ, स्वायत्तता तो मेरा बेटा भी माँग रहा था।"

"क्या?" रामलुभाया चकित होकर बोला, "बेटा स्वायत्तता माँग रहा है? पिता से?"

"अब्दुल्ला भी तो वही कर रहा है। पर मेरा बेटा स्वायत्तता माँग नहीं रहा। माँग रहा था।" भोलाराम शान्त स्वर में बोला, "मैंने कहा, मेरा घर छोड़कर चले जाओ। बाहर संसार में स्वायत्तता ही स्वायत्तता है।"

"तो?"

"उसने कहा, स्वायत्तता माँग ही इसलिए रहा हूँ कि घर पर मेरा कब्जा हो जाये। घर छोड़ दूँ तो स्वायत्तता का क्या लाभ?" भोलाराम बोला, "मैंने कहा, इस घर पर तुम्हारे दादा, तुम्हारे पिता और तुम्हारे भाइयों का जितना रुपया खर्च हुआ है, वह दे दो और घर पर कब्जा कर लो।"

"तो दे दिया उसने?" रामलुभाया ने पूछा।

"नहीं! कहाँ से देता? बोला, पैसा होता तो मैं स्वायत्तता ही क्यों माँगता।" भोलाराम ने बताया।

"तो क्यों माँग रहा था स्वायत्तता?"

"मैंने पूछा, तो फिर क्यों माँग रहे हो स्वायत्तता? घर कैसे चलाओगे?"

"क्या बताया उसने?"

"बोला, जैसे अभी आप चलाते हैं, वैसे ही चलाते चलिये।" भोलाराम बोला, "मैंने पूछा, घर मुझे ही चलाना है तो फिर तुम्हारी स्वायत्तता ही क्या हुई?"

"क्यों? जब आपके पोते भूख से बिलबिलायेंगे तो आप उनको रोटी भी नहीं देंगे क्या?—वह बोला।"

"बच्चों को रोटी भी नहीं खिला सकता और तुमसे अलग होना चाहता

है?” रामलुभाया ने पूछा।

“नहीं! मुझसे अलग होना भी नहीं चाहता।” भोलाराम ने बताया, “अलग हो गया तो मुहल्ले के गुंडे एक दिन में उससे सब कुछ छीन लेंगे। वह तो ऐसी स्वायत्तता चाहता है कि अपने पूर्वजों के मकान में रहे। अपने पिता के पैसे से अपना परिवार चलाये। पर परिवार के लिए कुछ न करे। परिवार में किसी प्रकार का त्याग न करना पड़े, इसलिए स्वायत्तता चाहिए।”

“यह कैसी स्वायत्तता है?” रामलुभाया ने पूछा।

“मैंने उससे पूछा,” भोलाराम बोला, “यह कैसी स्वायत्तता है और इससे उसको क्या लाभ होने जा रहा है?”

“तो क्या कहा, उसने?”

“बोला, स्वायत्तता मिल जायेगी तो मकान बेच देने की धमकी देकर आपसे पैसे वसूल कर लिया करूँगा और आप नहीं देंगे तो मकान बेच दूँगा। पड़ोसी लोग खरीदने को तैयार बैठे हैं।”

“पड़ोसी खरीदने को नहीं, छीनने को तैयार बैठे हैं।–मैंने कहा।” भोलाराम बोला, “परिवार का संरक्षण सिर से हटते ही वे तुम्हारा सिर फोड़ देंगे। तुम्हारी पत्नी को अपमानित करेंगे। तुम्हारी पुत्री को त्रास देंगे। तुम्हारे पुत्र को जेबकतरा बना देंगे या सड़कों पर दंगा करनेवाला गुंडा।... इन्हीं सब कामों के लिए तुम्हें स्वायत्तता चाहिए?”

“कैसे कर लेंगे यह सब?–वह अकड़कर बोला–मैं उनसे लड़ नहीं सकता क्या?”

“तो तुमने क्या कहा?” रामलुभाया ने पूछा।

“मैंने कहा लड़ सकते तो आज तक जितनी बार भी गुंडों से मुठभेड़ हुई है, उसमें तुम्हारे भाइयों का ही रक्त नहीं बहता। कभी तुम्हारे अंग पर भी चोट आयी होती। परिवार के जितने लोगों ने इस घर को बचाने के लिए अपना रक्त बहाया है, उनका रक्त लौटा दो और तुम इस घर को छोड़कर निकल जाओ। जिसे वर्षों से अपने परिवार का सदस्य मानकर अपना अंग मानकर हमने अपना रक्त बहाया है। अपना धन लुटाया है। वह यदि हमारा अंग नहीं बना तो उसे इस घर में रहने का कोई अधिकार नहीं है। घर तो जिनका है, उन्हीं का रहेगा। घर बेचनेवाली सन्तान उत्पन्न हो जाये तो उसे बेदखल कर देना ही न्यायसंगत है।”

❑❑❑